人生が好転する
マインドブレイク

コーチングセラピーで
あなたもきっと幸せになれる

Benefit Minds 株式会社
パーパスアイ
代表取締役
恩《お》多《だ》限《ぎり》 陽《よう》

合同フォレスト

はじめに――小銭を募金箱に入れる人、入れない人

◇人生の悩みは、百人百様

私は運命を好転させるコーチングセラピストの　恩多限陽（おだぎり　よう）と申します。

「運を良くしたいんです」――。

このような相談を全国から、20年間で7万件以上受けています。


会社員から、主婦、企業の経営者、医師、教授、政治家まで、たくさんの人たちが人生のさらなる好転を願い、相談に訪れます。

不思議なもので、人生の悩みは百人百様です。

仕事や結婚に悩んでいる会社員、会社の人間関係に悩んでいる中間管理職、子育てに不安を抱えている主婦、健康に不安を抱えている高齢者、自分の居場所を探している若者、借金を抱えている人たち……。

もっと具体的に例を挙げれば、

一生懸命に日々努力をしているが、それが成果となって表れていない方、ずっと「恋人が欲しい」と思っているが、なかなか行動できない方、親や世間の価値観などに影響を受けて、見えない鎖に縛られている方、人と自分を比べてしまい、「運が悪い」と常に嘆いている方、今の不満足な状況から抜け出したいと思っている方、

自分の可能性に気が付かず、周りに流されている方……などなど。

このような方々は、自分自身で悩んでいる状態をつくり出し、そこから一歩も動いていません。つまり、運が悪い状態を自分でつくり出しているにもかかわらず、そのことにまったく気が付いていないのです。

運を良くするには、まず、運気を下げている自分自身の行動を改めなくてはいけません。

◇一日一つずつ、幸運を積み上げることが人生の好転につながる

長い間、運が悪い状態にいた人が、私のコーチングセラピーを受けていただくと、いきなり人生が好転することがしばしばあります。

実は、運が良くなる方法はとても簡単なことです。

答えを先に言ってしまうと、一日一つずつ、幸運を積み上げていくこと。

たった、これだけです。

それが本書のテーマである、「マインドブレイク」です。

難しいことではありません。一日たった一つでいいので、運が良くなることをやっていけばいいのです。それが、あなたの心の色を塗り替え、人生を変える強運を創ります。

例えば、どんなに散らかった部屋でも、最初にごみを一つ拾うことが大事です。一日一個片付ける習慣をつけることで、一年間365日たてば部屋は見違えるくらいきれいになるでしょう。そうすれば、あなた自身の自己実現への扉が開かれるのです。

◇小さな優しさが、幸せのスパイラルをつくる

昔の人は「徳を積む」と言いましたが、誰かのために、たった一つでいいので徳を積ん

でください。

例えば、コンビニエンスストアに行くたびに財布の中の小銭を募金箱に寄付してもいいですね。

たった1円でも5円でも募金箱にお金を入れる、という行為が大切なのです。その募金は、どこかで誰かの役に立ちます。

私の友人はタクシーに乗るたびに、運転手さんに100円玉2枚を渡しています。

「好きな飲み物を買ってください」――これは単にチップを渡すのではなく、「幸せのスパイラル」をつくっているのです。

たとえ100円でも、感謝の言葉とともにお金をもらった運転手さんは気分が良くなります。そして、次に乗るお客さんに対して、ほんのちょっとだけサービスが良くなるかもしれません。

ほんの少しだけ快適なサービスを受けたお客さんは、笑顔になります。そして、また誰かに対して、小さな優しさを与えるかもしれない……。

これが、幸せのスパイラルです。

◇あなたが生まれてきたのは、幸せになるため

このように、たった一つ、あなたが小さな行動をすることで、ほんの少しずつ運命が変わっていくのです。

お金を使わなくても、運を良くする方法はたくさんあります。

私は夜寝るとき、今日一日の出来事を思い返し、会った方全員に「ありがとうございます」と感謝してから眠りにつきます。

朝起きたときには、一番最初に、「今日は○○な日になるように」と祈ります。

また、関わる方や自分にも、詳細に事細かく感謝します。もちろん、自分のお金や資産にも、です。

「たったそれだけでいいの？」

と思うかもしれませんが、だまされたと思って試してみてください。1カ月くらいで驚くほど人生が好転していき、悩みというのも消えていきます。

種明かしをしてしまうと、実は、悩みというのは自分自身がそう感じているだけで、心

が満たされれば悩みもどんどん小さくなっていくのです。

私がコーチングセラピーの中で、最後にクライアントさんに話す言葉はたった一つです。

「あなたは幸せになるために生まれてきたのですよ」

クライアントがその言葉を心から信じられたとき、運命の扉が開かれるのです。

Contents

第2章 遅刻をする人は幸運の女神に見放される

第3章 運がいい人の思考法

第4章 運命が逆転する「マインドブレイク」の法則

第5章 運を「見える化」しよう

第8章 見方を変えれば失敗も成功になる

第1章

神様は幸運を平等に配っている

1 運がいい人・悪い人の違いは、たった一つ

日々の暮らしや人生のなかで、岐路に立つことはよくあります。直面する出来事への選択や何かの判断や決断が迫られるとき、人はどう行動するのでしょうか。

そのときの考え方について、運がいい人には、ある特徴があります。

その一つが、「未来が良くなることを知って、選択し、行動している」ということです。どうすれば自分の運命が良くなるか。そのためにはどのような考え方を自分の頭に宿していけばいいか。そのことに疑いを抱くことなく、習慣的な行動や思考に落とし込んでいる人は、間違いなく「運に恵まれている人」だと言うことができます。

逆に今まで、ご自身のことを「運が悪い」と感じてきた人はきっと少なくないでしょう。これを読んでくださっているあなた自身が、そうかもしれません。

なぜ、運が悪いのか、またそう感じるのか。それは、「運が悪い」ことを事実としてしまっているからです。「たぶん無理だろう」「おそらくダメだろう」

とあきらめてしまっているからです。

「もう、自分の中で終わりにしよう」、そう思うことが一番大切なのです。

原因となっている「もと」が何かを知ろう

私のマインドブレイクの法則を実践する上でも、マイナスの状況は「もう終わりにする」と自分のなかで強く思わなければ効果がありません。「子どものために」とか、「こんな生き方はやめよう」と心の深いところから思うことが、運命を変える秘訣になるのです。

その思いが浅かったり、本当の意味でそう思っていない人は、同じことを繰り返すことになってしまいます。

「繰り返し」には原因があります。その原因を取り除かないから、結果が同じなのです。つまり、原因は何かを探っていき、もたらされる結果を変えるのが、私のマインドブレイクの良さということができます。

繰り返しの原因には、例えば借金やギャンブル、ＤＶなどの「負の要素」がある場合が多いものです。もたらされる事柄はそれぞれ違っていても、その原因となる「もと」は同じであることが多いのです。

原因をはき違えてしまうと運命は変わらない

では、その「もと」は、ご自身のいったいどこに隠されているのでしょうか。

自分で薄々感じている場合もありますし、まったく意識していないかもしれません。でも、それを変えることができない以上、同じことが延々と繰り返されてしまうのです。

だとすれば、運命は変わりません。

また逆に、自分がそれをつかんでいるつもりで、変えようと頑張っているのに、その効果がいっこうに表れないのは、原因となる「もと」をはき違えているから……ということもあり得ます。

あなたの運命をつくってしまっている、「もと」とは何なのか。

それは、あなた自身の心と密接に関係しています。

その使い方、つまりマインドブレイクの法則を知りさえすれば、あなたの運命を大きく変えることができます。

この法則を上手に活用することができれば、あなたは自分の人生を一変させる、とてつもない強運を手にすることができるのです。

マインドブレイク――「心の壁を打ち破る」ことで、強運を創る。あなたの人生そのものを、まさに「ブレイク」させることができるわけです。

賢人の言葉

山は西からも東からでも登れる。
自分が方向を変えれば、
新しい道はいくらでも開ける。

（松下幸之助／パナソニックグループ創業者、経営者）

出典：『人生を動かす賢者の名言』2018、池田書店

2 心は一つではなく三つある？

運を自分のモノにできる？

運のいい人生、願いがかなう人生、成功を手にできる人生……誰もが、それを得たいと願っているでしょう。

でも、運って他力本願なもの……、自分が自由にできるものなんかじゃない……。そんなふうに多くの人が考えているのではないでしょうか。

「今日は運が悪い」「なんだかツイてないなぁ」……と思っても、その一方で、「自分ではどうしようもない」「まあ、仕方ないよな……」といった気持ちになってしまうのが普通かもしれません。

でも、違うのです。運は、自分で創ることができます。本書で紹介するマインドブレイクの法則を活用することで、誰でも自分の強運を創り出すことができるのです。

誰だって、自分の人生を逆転することができる――そのことを、まずは強く信じてください。

そこで重要なカギになるのが、言うまでもなく、あなたの「心」です。

自分の心をどう使いこなすか。それが、あなたが自分の強運をどう創ることができるかに大きく関わってくるのです。

複数ある「心」の秘密

これから、そのためにあなたにやってほしいことを、できるだけ分かりやすくご紹介していこうと思うのですが、ここで一つ質問があります。

自分の心をよく理解してもらうために、ぜひ答えを知っておいてほしい大切な質問です。

普段、私たちが言うところの「心」。これって、いくつあると思いますか？

「え？　そんなの一つじゃないの？」「心がいくつもあったら、二重、いや多重人格？」

……そんなふうに思う人がほとんどかもしれません。

答えは、三つ。実は、誰にでも心は三つあるのです。

しかも、それぞれ性質の違う「三つの心」が、あなたにも存在しています。

もしくは、心は三つの層に分かれている……と言った方がいいでしょうか。その三つを説明すると——。

心には、考えたり、感じたり、自分の思いを常に認識できる「顕在意識」と、ふとしたときに「そういえばそんなふうに思っていた……」と認識することができる「潜在意識」、さらに普段から自分ではまったく思い当たることがない「無意識」の三つの領域があります。

これが、「心が三つある」というゆえんです。

そして、ぜひ皆さんに強く認識していただきたい大事な事柄があります。それが、「心で感じていることや望んでいることが、現実の状況として必ずやって来る」という大前提です。これはもう、絶対的な人間の意識の真理なのです。

そう聞いて、こんなふうに思われる人がいるかも知れません。

「え!? そんなことないでしょう。私はずっと幸せになりたい！ って望んでいるのに、ちっとも幸せな現実なんてやって来ない！」

確かにあなたは、ご自身の表面的な顕在意識の心では、「幸せになりたい」と願っているのかもしれません。けれども大事なのは、そのほかの二つの「心」でどう思っているかということ。表面的な顕在意識よりも、ある意味でもっと大事な、「潜在意識や無意識の心」が、あなたの幸せを邪魔しているに違いないのです。

強運を引き寄せ、幸せをつかむために絶対的に必要な法則。それを、これから詳しく紹介していきましょう。

賢人の言葉

今の自分に疑問や不安を感じたら、
それは、変化しなさいという心の声です。

（葉祥明／絵本作家）

出典：『人生を動かす賢者の名言』2018、池田書店

3 あなたの前向き思考を邪魔する存在

心の底では、「実は問題を解決したくない」？

例えば何かの問題に直面したとき。誰だって、「早くこの問題を解決して楽になりたい」と思いますね。「私はもっと苦しみたい」と悩もうとする人はいないでしょう。

でも、ここで大事なポイントがあります。**問題を解決したいにもかかわらず、その問題が問題であり続けるとき、私たちの潜在意識や無意識の心は、「問題であり続けることを望んでいる」のです。**

具体的な例で説明します。

「早く結婚したい」「パートナーが欲しい」と思っている人に、あえてこんな質問をしてみます。

「もしあなたにパートナーができたら、何か困ることはありますか？」

ほとんどの方は、こう答えます。「困ることなんて、まったくありません」

「パートナーが欲しい」と思っているので、その答えは当然です。パートナーがいないということで困っているのに、パートナーがいて困ることなんてまったくあるはずがないのです。

でも、そこからさらに深く話を聴いていくと、こんな話が出てきます。

「パートナーができると、自分が相手に合わせないといけなくなる……」「不自由な感じがする」「いつかパートナーから別れを切り出されるかもしれない」……。

パートナーがいないというデメリットよりも、パートナーがいるデメリットの方が大きいと、実は心の底で認識しているわけです。

それは過去に、その人がそうしたネガティブな感情を心に刻んだことがあるからです。

いつも直前になったら躊躇《ちゅうちょ》してしまう心理とは？

もっと具体的な話として、クライアントのA子さんの例を挙げましょう。

A子さんは性格も容姿も申し分なく、普段の思いの中では「結婚したい」と思っていました。パートナーと出会い結婚寸前まで行くのに、なぜかいつも結婚に至らないのです。

そんなA子さんに、「もし結婚にネガティブなイメージがあるとしたら、どんなイメージですか？」と質問をしてみました。

A子さんは、「結婚ってすごく幸せで毎日が楽しくて充実した人生が送れるものってイメージしかないのですが」と答えた後、私の問いかけに対して、一生懸命考えてくれました。すると、「確かに結婚すると、自分がやりたいなと思うことも好きにやれなくなるイメージがあります。それと、私の母親は父親に従順で、自分がやりたいことより父親や私たちを優先していました。そんな母親を見てきたから、結婚は不自由なものというイメージがあるのかもしれないです」「そう、結婚すると母親みたいに全然自由じゃなくなる。この『自由がなくなる』というイメージが結婚前にいつも出てきて、すごく嫌な気持ちになっていたような気がします。この感覚が嫌で、私が結婚をやめてたのですね」と答えてくれました。

表面的な意識の上では「結婚したい」と思っていても、潜在意識にあった「結婚＝不自由」という嫌なイメージと、それに伴うネガティブな感情が彼女の足を引っ張っていたのです。

せっかくの〝プラスの心〟の発現を邪魔する原因に、潜在意識の心の働きがあります。

つらい思いを、つらい思いのまま心の奥底に封じ込めてふたをしていることが、「たぶんまたつらい思いをするだけだろう」「だからパートナーなんか欲しくない」という思いを持つことにつながってしまうのです。

賢人の言葉

人間が大きな進歩をするための道は、
いつも苦しみによって開かれなければならない。
（カール・ヒルティ／スイスの哲学者、法学者）
出典：『人生を動かす賢者の名言』２０１８、池田書店

4 意識の「正のパワー」を使ってブレイクする

普段使っている「脳の領域」はたったの４％

私たちが普段使っている、考えたり思ったたりしている意識、つまり顕在意識の心の働きが、全体の領域に占める割合は、４％くらいだとされています。

つまり、あとの96％は、潜在意識・無意識ということになります。

潜在意識や無意識は、生まれてから現在に至るまでの個人的な経験や、もっと言えば生まれる前の母胎での出来事、さらに家系からも影響されて培われた、自覚できない意識のことです。一方で、いつも私たちが意識している表面的な思考や感情である顕在意識は、「理性」（頭の解決）とも言われ、４％程度の領域しかないのです。

意識が持つ、正と負のパワー

潜在意識には、お母さんのお腹の中にいる胎児期から幼児期、そして現在に至るまでのさまざまな記憶や忘れてしまった思い出、過去に経験した傷や痛みなどが全てしまわれています。

例えば、もし「自分は運が悪い……」と感じているようなら、それは、運が悪くなるようなことを、自分で無意識にやってしまっているということ。

では、なぜそれを自分でやってしまうのか。実は、自分自身が日頃決して意識していない、過去の体験の深いところに、その理由があるのです。

でも、ここで大事なのは、意識には、決して傷や痛みなどの良くない思い出ばかりがしまわれているわけではない、ということです。

ご自身がこれまで味わってきた成功体験や、心がワクワクするような楽しい思い出、喜びに満ちた記憶もたくさんしまい込まれているのです。

そうした心の「正のパワー」は誰でも持っているのに、傷や痛みのネガティブな「負の力」によって、せっかくのパワーの発露が妨げられているのです。

そこで、封じ込まれているつらい記憶を解放して、負の思いを癒やしてあげることで、発露が妨げられていた正のパワーである喜びの感情や思いを、顕在意識の心にまで上げていくことができます。

そうなればもう、しめたもの。自分の願望を妨げるものがなくなって、それまでの「運」は大きく変わり、自身の前向きな思い一つで、強運をどんどん導くことができていきます。それが、運を変える、強運を創ることにつながるのです。

「心の壁」を壊して運命を逆転させる

心は、何もしなければ、自動的にネガティブになると言われています。でもその半面、活用の仕方次第で自分の運命を逆転できる、底知れぬパワーを秘めた強大なエネルギーの源泉でもあるのです。

こうした潜在意識への働きかけでも人生は大きく変わりますが、本当の意味でドラスティックに運命を変えたいと思うならば、もう一つの「無意識の心」にまで働きかけて自分を変えていくことが必要です。これは、もう少し後の項目で説明しましょう。

顕在意識と潜在意識、そして無意識。私たちにはこの三つの心があることを、まずはよく理解しておいてください。

強運を創るための私のメソッドは、顕在意識以外の二つの心に働きかけながら、その人のマインドブロック、つまり心の壁を壊していくものです。

そしてマイナスの運の揺り返しを起こし、運命の逆転をもたらします。そのことをまずは知っていただき、この後を読み進めていただくと幸いです。

賢人の言葉

人間の能力は、いまだにその限界が知られていない。
人間に何ができるか、先例から判断することもできない。
人間の試みてきたことは、あまりにも少ないから。

（ヘンリー・デイヴィッド・ソロー／アメリカの作家、詩人、思想家、博物学者）

出典：『人生を動かす賢者の名言』２０１８、池田書店

5 人生の壁にぶつかったときはチャンスだと思え

運が良い人は、ミスや失敗を何かのチャンスと捉える

誰でもミスや失敗に直面すると、気分はへこんでしまい、その度合いが大きければ大きいほど落胆のレベルも高まってしまいます。そんなときに多くの人は、「きっと未来が良くならない」と思いがちでしょう。

でも逆に運が良い人は、「これは何かのチャンスかも」「次にどんな局面が待っているのだろうか」という思考や行動につなげることができます。

一見マイナスに見えるような壁や逆境であっても、チャンスだと捉えることが大事です。それができるかどうかが、運を良くするためにはとても大切なことなのです。

例えば何かの大きな成功を収め、財を成すなど飛躍する人は、多額のお金を失った後だったりすることがあります。

実は、意識においては「振り子の原理」があって、多額なものが生まれるのは、多額な

ものを失うことと同じ直線の上にあります。つまり、揺り返しがあるということです。

私の住む長崎市内に、メディアにもよく紹介された有名な花屋さんがありました。ガーデニングにおいて素晴らしいスキルをお持ちで、英国のエリザベス女王にも支持される著名なお店だったのですが、その店主の方は、かつて8億円もの借金を抱えて、どうしようもない窮地にあったそうです。

けれども、とてつもないどん底にいるときでも、「ここからは上がるだけだ……という発想を決して忘れなかったことで、今に至っている」という話をされていました。

壁にぶつかったときこそ、才能や能力が開花する

失敗をすることで、今までの生き方ではいけないと思い直し、大きなチャレンジをする人は多くいます。

うまくいかない事柄は、人それぞれにあるでしょう。男女関係もそうだし、仕事やキャリアアップについても言えると思います。でも逆に言うと、うまくいかない度合いだけ、好転することができるとも言えるわけです。

運は、実はみんな最初は平等に持っています。だから、マイナスのことがあれば、必ず振り子は戻ってきて、プラスの揺り返しがあるのです。もっと言うと、そう思える人が、運が良い人ということでもあるわけです。

私は何か自分にとってマイナスと思えるようなことが起こったとき、「それが大きければ大きいほど、喜んでください」と言います。

つまり、運が良い人と悪い人というのは、何かの出来事が起こったとき、それをネガティブに小さく捉えるのか、それとも拡大していこうと思えるかの違いなのです。

大きなマイナスの出来事があるとすると、それと同じくらいのプラスの出来事があるに違いない、あるはずだという発想で、拡大を考えられること。そういう思考が心の底からできれば、必ず運を好転させることができるわけです。

もし、あなたがそんなふうには考えられないとしたら……。おそらくあなたの心には、あなた本来の「前向き思考」を邪魔する心の壁があるのです。

そうすると、何かの失敗やアクシデントに直面したとき、いくら「前向きにいこう」と思っても、気が付けばすぐにまたマイナスな気持ちが生まれてきてしまいます。その結果、あなたはより深く悩み、結果的に問題を長引かせてしまうことになるのです。

仮に今、あなたがそんな状況にあるのなら……。逆に、今こそ人生のチャンスだと考え直してください。人生の壁にぶつかったと思うときは、実はほかの才能や能力が開花する、チャンスのときだと認識してください。マイナスを帯びたエネルギーが大きければ大きいほど、成功に向かうエネルギーも大きいことを、ぜひ知っていただきたいと思います。

結果を変えたいと思う人、本来自分が持っている運を、マイナスの分だけプラスに置き換えて得たい人……。自分の中にある心の壁を壊し、思いや願望を実現するマインドブレイクの法則を、ぜひあなたも体験してみてください。

賢人の言葉

創造は過去と現在とを材料としながら
新しい未来を発明する能力です。

（与謝野晶子／歌人）

出典：『人生を動かす賢者の名言』2018、池田書店

6 心の利益が生み出す利益は、成功のもと

「心の利益が生み出す利益」の大切さ

私の会社の名前である「ベネフィット・マインド」とは、「心の利益が生み出す利益」という意味を表します。心が幸せであれば、その結果として、たくさんの利益を生み出していく……という意味で、幸せが成功のもととなって息づいていくということです。

それを実現していくための私のメソッドについて、ここで少し紹介しておきましょう。

例えば、「お金持ちになりたい」という願望があるとしましょう。それも、その人にとっての心の利益です。

でも、そうなりたいと思っても、実際には難しいだろう……と思ってしまうのは、心の底に、「自分はやっぱり豊かになれない」という否定的な思いがあるから……ということはこれまでも説明してきました。

一生懸命頑張っているはずなのに、それが心の豊かさや、自分の心の利益につながらない——。頭では頑張っているつもりでも、実際には、自分の心の底にある「幸せになれない」という思い込みの方がはるかに勝ってしまっているからです。

その思いの方が強く表現されてしまっているために、いくら頑張っても、モノや心の豊かさにつながっていかないわけです。

失敗することへの怖れと、うまくいくことへの怖れは違う

そうした意識から生まれるものに、「ネガティブワード」があります。

「～できない」「～なんて無理」といった否定的な表現で、こうしたネガティブワードを口にしがちな人は、心の中に「怖れ」の感情が強く植え付けられていると言えます。

怖れの思いが強いと、おのずと心の壁が大きくなります。「どうせ私なんて……」と否定的に語るのは、典型的なネガティブワードの一つですが、ご自身が「うまくいくことに対しての怖れ」を強く持ってしまっているということなのです。

「失敗することに対する怖れ」は、誰でも少なからず持っています。「失敗したらどうし

よう」と不安になるのは、誰でも持つ普通の感情ですが、それは顕在意識の中で感じる怖れです。消すことはそう難しくはありません。それを超える、良いイメージを持つように自分で努力すれば何とかなります。

でも、「うまくいくことに対する怖れ」というのは、少々厄介です。

実は人間は、失敗することよりも、成功すること、うまくいくことの方が怖いのです。つまり人は、「何よりも幸せになることを望んでいるのに、同じくらい幸せになることを怖がっている」――このことが、とても重要な本質なのです。

うまくいくことは、自分がたどってきたそれまでの「安全圏」から出なくてはいけないということ。自分にとっての平穏から抜け出し、まだ見たことのない、自分にとっての未知の領域に足を踏み入れなければいけないわけです。

結婚についての例が分かりやすいので多く引用していますが、例えば「結婚したい」とずっと思っていた女性が、ふさわしいと思える異性を目の前にしたのに、「この人じゃない」「何かが違う……」と否定的な考えに終始してしまう。せっかく幸せが目の前にあるのに、自ら抵抗し、拒絶してしまうのも、「うまくいくことに対する怖れ」の表れです。

自分自身の心の壁が大きければ大きいほど、安全圏から出ていくためのハードルが高くなるため、それを越えることは、大きな「怖れ」を伴うものになってしまうわけです。だからこそ、自分の「心の壁」を壊して解き放ち、マインドブレイクを実現する。ご自身の「怖れ」の原因になっているものを引き出し、完了させてあげる。

それによって、必ず怖れは消え去ります。その後に出てくる言葉は、きっとポジティブなエネルギーに満ちた、前向きなワードの数々であるに違いありません。

賢人の言葉

もし、あなたが成功したいのであれば、踏みならされ受け入れられた成功の道を歩むのではなく、新たな道を切り開きなさい。

（ジョン・ロックフェラー／アメリカの実業家）

出典：『人生を動かす賢者の名言』２０１８、池田書店

7 「分かっているけどできない」理由とは？

頭で理解していても、心がついてこなければ実現しない

「時間がない」「お金がない」「僕には合わない」「私には無理」……。あなたはさまざまな理由をつけて、人生を変えることをあきらめてはいませんか？

また、運が良くならない本当の理由を知らないままに、安易なテクニックや方法に頼り、答えを探し続けてこられたのではないですか？

今や、巷には本やインターネットなどでさまざまな情報が溢れていますので、「あ、これはいい！」「すごくためになる！」と感じて、実践された方も少なくないでしょう。でもそれで、本当にあなた自身が変わったり、人生が好転したと実感していますか？

今、自己啓発に関する本は数えきれないほど出ていますが、それは自分の中に4％しかない顕在意識を、必死に高めようとしているだけのものが大半です。

ですから、人生そのもの、もっと言えばあなた自身そのものが変わることで強運を得る

……という変革はまったくと言っていいほど、行われていないのです。

例えば、「自信がない、自信が持てない」という悩みや問題を抱える人がいたとしましょう。この人に、「十分やっているよ」「自信を持ったらいいのに」といくら言っても、きっと問題は解決しないでしょう。「そんなの言われなくても分かってる」「分かっててもできないから苦労してるんじゃないか」というものだからです。

「頭では分かっているけどなぜかできない」――これは、頭では十分に理解していても、あなたの心が伴わないことが根本の原因です。ただ頭で「理解している」だけでは、問題は決して解決しないのです。

本やインターネットからの情報収集を、「なるほど、そうか」と考え、実行しても、決して長続きしないのはこれと同じです。内容に感銘を受けて、そのときは、そうだ、と思って心を入れ替えたつもりでも、1週間くらいしたら元の自分に戻っているのは、頭で「分かったつもり」になっているだけだからなのです。

そのような本を読んで「分かったつもり」になって実行しても、実際には心は何も変わっていませんから、いつの間にか元に戻っていることが多いわけです。

本気で自分を変えたいと考える方は、ぜひ科学的な裏付けを持った心理学を学んでほしいのですが、小難しい本をいくら読んでも、ご自身の腑に落ちるのはなかなか難しいでしょう。

そこで、それをご自身で体得でき、実際の生活にも応用できる体系的なメソッドとして確立したのが、私が実践している「コーチングセラピー」なのです。


顕在意識の4％でなんとかしよう、頑張ろうと思っても、それは難しいこと。残りの96％が変わらなければ、負のエネルギーは依然として圧倒的に勝ってしまいます。

4％で右往左往して、分かったつもりになっていても、実際には何も変わっていない。心の利益を得たことには決してなっていないわけです。

だからこそ、強運への好転や願望成就の本質をぜひ知っていただきたいのです。

まずは、心に刻んでいく日頃の思考や行いを変えることで、強運へのエネルギーが少しずつたまっていくことを実感してほしいと思います。

人生は、想定外のところに、思わぬチャンスが転がっています。

幸せになれるかどうかは、自分の思いもしなかったところで見つかるチャンスに対して、イエスと言えるかどうかなのです。
そうした「心の真理」を理解して毎日を過ごしていくことで、想像もしなかったようなたくさんの幸運をつかめる、満ち足りた人生にきっと変わっていくはずです。

賢人の言葉

いかなる犠牲、いかなる危険を伴おうとも、すべての危険の中でもっとも大きな危険は、何もしないということである。

（ジョン・F・ケネディ／第35代アメリカ大統領）

出典：『人生を動かす賢者の名言』２０１８、池田書店

8 習慣が意識を変え、運を大きく好転させる

「被害者」の立場になってはダメ

以前相談を受けたあるクライアントは、ご家族のことで悩んでおられて、どのカウンセラーに話しても、「その関係性を修復するのは無理と言われた」とおっしゃっていました。この方は親子関係が良好ではなく、俗にいう「毒親」をお持ちでした。ほかのカウンセラーのアドバイスはもっぱら、「もはや距離を置いた方がいい」というものだったそうです。

でもご自身としては、相手はやっぱり親だからそれはしたくない……ということでした。私はじっくりと話を聴いて、「離れなくてもいいですよ」と進言しました。そして結果的にその方は、良好な親子関係を取り戻して、出世街道を歩き、ご結婚もされて、幸せな人生を開くことができたのです。

これは、「関係性を離す」のではなく、逆に「つながる」という方向に導いた結果です。じっ

くりとコーチングとカウンセリング、さらにセラピーを施し、健全な距離感を保ちながらつながりを持つように勧めていったのです。

ここでカギとなったのが、「自分の心の反映が、現実社会そのもの」であることを自覚してもらうことでした。現実で起きていることは自分の心を反映したものであり、自分が起こしていると知ってもらうことが大切だったのです。

でも実際には、なかなか気付けないものです。マイナスの原因はとかく周りのせいにしてしまいがちで、自分が原因だとはなかなか考えられないからです。

例えば、「彼が楽しませてくれないから、デートが退屈でつまらない」「こんな状況になったのは、あの人が助けてくれなかったせいだ」と、人生に起こった出来事を誰かのせいにしてしまうのは、よくあることではないでしょうか。

このとき、そう思ったご自身は、「人生の被害者」になってしまっているのです。

被害者というのは、苦しい感情を引き受けてしまう、つらい立場です。

しかし、「自分が体験したことは、全て自分の責任であり、自分が選択した結果」だと考えるとどうでしょうか。これだと自分は被害者の立場にはならず、心に刻まれるのは被害者としての傷ではなく、自分の行いがもたらした経験値です。

この考え方を、私たちの世界では「アカウンタビリティ（生産性の責任）」といい、「全ての事柄は自分が選択した結果だという観点を持つことでしか、決して人生は変えられない」と位置づけています。これは、意識に作用していくものとして、とても大切な考え方なのです。

人生のシナリオを描いているのは自分自身です。「なぜ、失敗したかったのか？」「どうして相手にあんなふうに言わせたかったのか？」――こうした捉え方をすることで、心の色は真実に塗り替えられ、逆転するパワーを取り戻します。

ほかの誰かのせいで自分の運が悪いと思うのではなく、原因は自分の中にある。自分の幸運を妨げている、心の壁になっている何かがあることをまずは知ってください。それを無視して、「分かったつもり」になっているだけでは、決して改善できないことを知ってほしいと思います。

もちろん、自分を変える、人生を変えるには、私のメソッドを受けていただくのが早道です。私のセッションは、ある意味で手術を受けてもらうようなものです。それをすれば、劇的に状況は変わります。

でも普段から、ご自身の考え方を変えたり、思考法を身に付けることで、少しずつ自身の潜在意識にアプローチしていき、行動を変えることもできます。

そのことを理解し、普段の思考や行動を、意識的に変えていってみてください。

習慣にするには、最初は意図してやらなくてはいけません。でもそれが根づいていくと、習慣になり、やがて意識も変わっていきます。その結果、あなたの運は少しずつ好転することになるのです。

私はそのことを、この本でぜひお伝えしたいと思います。私の「コーチングセラピー」のノウハウを、普段の行動や思考法に落とし込んで紹介し、皆さんに幸せな人生や生活を手にしてもらうためのバイブルにしてほしいと考えています。

賢人の言葉

元気を出しなさい。今日の失敗ではなく、明日訪れるかもしれない成功について考えるのです。

（ヘレン・ケラー／アメリカの社会福祉活動家、著述家）

出典：『人生を動かす賢者の名言』２０１８、池田書店

9 ツイていないと思う日は、好きな人に会いに行く

ワクワクするような場に身を置くことが大事

私たちの日々の行動や振る舞いについて、その源《みなもと》になるものが、心のエネルギーです。あなたは、人生のなかで、どんなエネルギーを得たいと感じているでしょうか。エネルギーとは、分かりやすく言えば、願望です。あなたにどんな目標があり、望みを得たいと思っているか。例えばお金を得ること、得たいと思うことも一つのエネルギーです。

誰でも経験があると思いますが、好きな人に会いに行くときには、心がワクワクしませんか？

心が躍り立つような、ウキウキワクワクする前向きな感情。自分の気持ちがワクワクするというのは、それまでとは違うエネルギーが蓄えられていく証拠ですから、とても重要なものです。つまり、根底にある心のエネルギーの質がどんどん変わっていくという大き

な効果が得られるのです。

エネルギーレベルが上がり、良質のエネルギーに変わる……。それを得るためには、自分がワクワクするような場に身も心も置くことが大切です。

好きな人に会うことは、心の質を変え、そこから発するエネルギーも良質のものに変えていく大きな力があります。

「ツイてないな……」というマイナスのエネルギーが出ているときこそ、ワクワクすることを自分から行ってください。だから、「好きな人に会いに行く」ということは、とっても大事なことなのです。

エネルギーの質と量を変えると、行動の選択が変わる

ほかにも、おいしいものを食べに行くことでワクワクする人、舞台やスポーツ、映画、コンサートなど、自分の一番好きなものを観に行くことでワクワクする人も多いでしょう。

そのときの心は、「上昇している」状態。気分が上昇して、心の状態がグンと高まる。それは、自分の根底にあるエネルギーの質と量が大きく変わっていることを示しているの

です。
エネルギーの質と量を変えることで、行動や振る舞い、その前提となる「選択」が変わっていきます。これが、とても重要なのです。

私たちは日々の暮らしのなかで、大なり小なりの選択を常に迫られています。

例えばあなたの今日1日の生活を振り返ってみてください。いろんな行動や振る舞いがあったと思いますが、その一つひとつが全て、選択の結果だと感じませんか？

どんなテレビ番組を見たか？　どんな料理を食べたか？　どこに出かけたか？　細かく言えば、今日どんな言葉を発したか。その一つひとつがご自身の選択の結果で、その結果に基づいて、1日の行動や振る舞いがなされているわけです。

つまり、今日1日がツイていると感じたかどうか――。そのもとになる行動は全て、自身の心のエネルギーの質の表れであり、心のエネルギーから生まれた一つひとつの選択の結果と言えるのです。

だからこそ、心のエネルギーの質と量を変えることによって、選択自体が変わることが大事なのです。

心のエネルギーを良質に変えることができれば、毎日の選択が変わります。それによって、ツイている自分へと、その1日を変えることができるわけです。

あなた自身の根底にある、心のエネルギーをどう変えるか。

ぜひ、ワクワクする心を持てるような状況に、ご自身をどんどん置いてほしいと思います。その結果、ツキというものは、必ず変えることができるのです。

賢人の言葉

私たちの行動は周りの状況からではなく、
私たち自身の選択によって決まる。

（スティーブン・R・コヴィー／
アメリカの経営コンサルタント）

出典：『7つの習慣』1996、キングベアー出版

10 なぜ宝くじの当選者は、お金をなくすのか

お金が身に付く人と付かない人はどこが違う？

宝くじに当たる人は、世の中に必ずいます。でも同じように、必ずといっていいほど、当たった人はお金をなくしていきます。

これは、先に説明した「運の揺り返し」にも関連してきますが、宝くじで思いも寄らない大金を手にしてしまうと、いつの間にか、お金がなくなっている……という状況に陥るのです。

宝くじの賞金を資金に、何かの事業を成功させたり、さらに大きな財産を築くという人は、実はとてもまれです。というよりも、とても早い段階で、せっかく手にしたお金がなくなってしまっていることが多いわけです。いったい、なぜなのでしょうか。

これは、運の揺り返しによる反動に加えて、「お金に対しての意識（マインド）」の準備

がないからです。

お金のマインドには、レベルがあることをご存じでしょうか。

その額に見合う自分のマインドというものは、かねてから準備をしておくことが求められます。つまり、自分のマインドのレベルを上げていくことが大切で、それが上がっていかなければ、いくら大金を手にしたとしても、身に付かずに必ずなくなってしまうのです。

それは何も、宝くじに当たる、ということだけではありません。例えば遺産相続や財産譲渡など、なんらかの理由で大きなお金や資産を手にしたときも同じです。

お金に対して、「自分は持てない……」という怖れがあると、無意識のうちに、いつの間にか自分から手放してしまうのです。逆に、自分のマインドに準備がある人は、しっかりと受け取れます。

言い換えれば、その人が準備したマインドの大きさの分しか、目の前のお金も受け取れない、ということなのです。

つまり、チャンスを受け取る「器」を、どれぐらい自分が持っているか、そこが大事というわけです。

ある科学者が、こんな言葉でそれを表現しました。

「雨という幸運が降ってきたときに受け取る〝たらい〟の大きさで、その人の運の良さが決まる」

茶わんを持って雨の中に立っていたら、茶わん一杯だけしか水はたまりません。自分の持っている器の大きさしか運は受け取れないのです。

このとき、器は「心」という言葉に置き換えられます。チャンスに気付ける心、チャンスを活かし、チャンスを増やせる心。それをどうつくるかがとても大切、というわけです。

お金を入れる「器」という点でも同様です。自分自身の心の器が足りない、それが小さいために、手放さざるを得ない。あんなに欲しかったお金、なのにです。

たとえ自分に手放す気持ちがなくても、不測の事態や予期せぬ出来事で、お金が必要になってしまうことも起こりがちになります。だからこそ、「入ったお金が定着するためのマインド」をつくっておくことが必要であり、準備しておかないといけないのです。

一方で実際に逆境を克服し、頑張った結果としてお金を手に入れた方もいるでしょう。そうした人の場合は、お金がしっかりと定着していきます。なぜなら、頑張るプロセスのなかで、マインドにも変化が生まれ、お金を迎える準備ができていくからです。

頭で「準備できた。大丈夫」といくら思っても、それは「できたつもり」に過ぎません。だから、日々心の奥底から、お金と誠実に向き合っていく必要があるのです。

自分はお金が持てない……そんなふうに刷り込まれたマインド、つまり心のエネルギーの質を、前向きな思考で変えていくこと。お金に対する意識の準備をしていくことは、運命を変えるための大事な要素であることを知っていただきたいと思います。

賢人の言葉

金がないから何もできないという人間は、
金があっても何もできない人間である。

（小林一三／阪急阪神東宝グループ創業者）

出典：『人生を動かす賢者の名言』２０１８、池田書店

11 お金は、愛してくれる人のところに集まる

お金に「また帰ってきてね」と声をかけてみよう

お金は誰だって欲しいものです。でもお金そのもの、お金自体には意味がありません。ただの紙切れです。でも、そこにエネルギーがあるからこそ、価値が生まれます。

そしてそのエネルギーは、自分の思いが投影されて備わっていくものであることを、ぜひ知ってください。

お金に対して、「愛している」と思っているのか、モノを交換するためだけのものだという認識なのか——。それによって、自分の周りのお金の流れは大きく違ってくるという不思議さがあります。

つまりお金は、「愛している！」と強く思っている人のところに回っていく、という性質があるのです。

自分のところにはお金が回ってこない……と思っている人は、端的に言って、ご自身がお金のことを愛していないからだと、私は思います。お金が欲しい、と口で言ったり、頭で思ったりはしながらも、心の中では持つことへの罪悪感や抵抗感、お金が欲しいと言っている自分を好きになれない気持ちがあるものなのです。

お金を家族のように愛している人は、お金に対して、いわば無償の愛を持っていると言っていいでしょう。

家族はいて当たり前。いることに対して、普段、特別な意識はないでしょう。マインドの準備をしなくても、最初から備わっているわけです。愛情を注ぐ――人を愛する気持ちとお金を愛する気持ちは、エネルギーとしては実は同じものだと言えるのです。

一方で、お金に執着し過ぎると、不思議とおのずから出ていってしまいます。なぜなら執着とは、「欠乏している」気持ちから出てくる感情だからです。

お金でも何でも、欠乏している気持ちが原因となって、「欲しい」と思うことはよくあるでしょうし、それは自然な感情です。でも、「欲しい」という気持ちから湧き起こるお金への感情は、「愛している」という気持ちとはまったく違うものなのです。

だから、いつまでたっても身に付かないわけです。お金を本当に愛していれば、手放すことだってできます。例えば、ほかの人の幸せのためにお金を使える人。それは、お金というものがも持つエネルギーを愛しているからできることです。

かたや、欠乏によって執着している人は、手放すこと自体なかなかできません。

執着していることと愛していることは、同じ「お金が欲しい」という感情であっても、まったく対極の動機であることが分かるでしょう。

お金に対して愛情を表すためにすぐできることは、お金の居場所である財布の中をきれいにすることです。財布自体をお金が居心地の良い状態にしてあげる……。これは昔からよく言われていることですね。

それに加えて、私が皆さんにいつも伝えているのは、お金を使うとき、つまり出ていくときに、「また帰っておいでね」と心の中で声をかけることです。

お金は「使ってなくなる」のではなくて、循環するものであり、またきっと「自分のところに帰ってきてくれる」と位置付けることが大切なのです。

「また帰ってきてね」。さらに言葉を変えると、「お友達を連れてきてね」と声をかける。その結果、お金は何倍にもなって帰ってくるという循環が起こります。

そんなふうに信じ切るのは、最初は難しいかもしれません。でも、本当に心から思って唱えてみてください。おそらく多くの場合、帰ってきてくれますから。誰かのために愛情を込め、良いエネルギーを創り出す使い方によって、それがなされるのです。

「どうぞ行ってらっしゃい。新しい友達を連れて、戻ってきてね」。思いを込めれば、あなたのお金はいっぱいの愛情に包まれながら、その手を離れていくことになるのです。

また、お金のレベルにも段階があります。心が進化し成長すると、お金との付き合い方も進化すると同時に、あなたに入ってくるお金の量も増えてきます。心の利益で、利益を生む。まさに「ベネフィット・マインド」が生み出す幸せですね。

賢人の言葉

困難を予期するな。
決して起こらないかも知れぬことに心を悩ますな。
常に心に太陽を持て。

（ベンジャミン・フランクリン／アメリカの政治家、外交官）

出典：『人生を動かす賢者の名言』２０１８、池田書店

第2章

遅刻をする人は幸運の女神に見放される

12 なぜ人は、運が悪いイスに座り続けるのか

「変われない」のには理由がある

人は、「今のまま」でいい、現状維持を好む、変化を恐れる側面があると、誰しも感じることがあるのではないでしょうか。変わることへの恐怖心、変わらないことへの安心感……。そんな気持ちは、多くの人が抱いたことがあるかもしれません。

しかし、それと同時に、こんなことも言えます。変わることへの恐れがあるから、いつまでもその人は「運が悪いイス」に座り続けている……。

たとえ運が悪くても、実は「その人にとって一番の望みが、そのイスには隠れている」のです。だからいつまでもイスから動くことをせず、ずっと座り続けているわけです。

そのことを、「ニーズ」と言います。自分自身から出た要求が存在しているわけです。

例えば、勤めている会社に「嫌だ」「転職したい」などと文句や愚痴をこぼしながらも、ずっと居続けている人がいます。夫婦関係でも同様に、いつも奥さんやご主人の文句や悪口ばかり言っているものの、離婚はしないという人は多いですね。

その奥さんやご主人が、「運が悪いイス」かどうかは分かりませんが、とにかく不平や愚痴を毎日並べているのに、その場所から動こうとはせずに、ずっと同じ場所にとどまっていることは多々あるのです。

なぜかというと、心の中に、自分でも普段あまり意識しない、隠れた「ニーズ」があるからなのです。もっと言うと、それを隠すために虚勢を張っているということもあります。座っているイスを変えようとは本気で思ってはいないし、実は変えなくても済むように、周りに対して虚勢を張っているだけということも言えるのです。

本気で思っているのは、自分の心にある要求を満たしたいということだけ。その要求とは極端に言えば、人に期待されなくて済む、気楽になれるというポジション。それを自分で選びたいと思い、そこに安住したいと心の中では思っているわけです。

「変えたいです」と言葉に出し、頭で考えてそれを実行しようとするのですが、結局心の要求の方が勝ってしまって、実際にはなかなか行動に移せません。

しかも、そのイスで満足している自分に対して、逆にイスを変えようとする人が現れれば、それに対して怒ることだってあります。「取り上げられた」と文句を言うのです。

「変えたい」と何十年も言い続けながら、結局そのまま何も変わらない。そこに居続けたいという心の要求があり、縛られているから変われない。それが、「運が悪い同じイス」に座り続けていることの原因なのです。

受け皿の量を増やせばそこにお金が入ってくる

例えば収入や売り上げが５００万円のイスがあるとしましょう。そのイスを変えるには、５００万円の容量を、１千万円にしてしまえばいいのです。１千万円の自分のイスをつくれば、そこに容量の隙間ができますから、残りの５００万円が自然と入ってきます。それを「引き寄せの法則」といいます。

つまり、その人が１千万円分の行動と思考を持てば、その隙間に、自然と残りの５００万円が入ってくるのです。

逆に言えば、500万円で終わる人は、いつまでたっても500万円分の容量しか持てません。それはまさに、ご自身のニーズに縛られているからです。

そしてニーズは、自分自身の過去の意識が積み重なってでき上がるものですから、変えるのはなかなか容易ではないのです。

心の容量を広げるには、ニーズを癒やしていくことが絶対的に大切です。ニーズのすみかである、マインドに存在する「心の壁」を壊すことが必要と言えます。

「ニーズ」があるから、「運が悪いイス」に座り続けてしまう。だからその原因である心の壁を壊し、完了させてあげることが、とても重要なのです。

賢人の言葉

自分にできないと考えている間は、
本当はそれをやりたくないと心に決めているのだ。

（スピノザ／オランダの哲学者）

出典：『人生を動かす賢者の名言』２０１８、池田書店

13 チャンスを生かしきれなかった保険の営業マン

マインドブレイクのおかげで売り上げが大幅アップ！

ここで一つ、質問です。

あなたが人生で一番大切にしていることは何ですか？

人が人生に求めるものは、実に多彩です。「愛」「お金」「成功」「地位」「健康」……

100人いれば、100通りの「欲しいもの」があります。

私はこれまでのセッションを通して、人の心の奥深くに分け入り、深層心理を探ることで、人々の悩みを解決してきました。

その中の一人に、保険の営業マン、Iさんがいらっしゃいます。

保険営業というのは、人のつながりや縁を大切にしながら、ネットワークを築いていくことが重要な仕事です。私のところに相談に来られたIさんは、「自分を変えることで成績を上げたい」と、切実な思いを打ち明けてくれました。

Iさんは真面目で誠実なタイプ。どんなときも一生懸命に仕事に取り組める点が長所です。加えて高校・大学とラグビーに打ち込んできた爽やかスポーツマンタイプで、人当たりもいい方でした。

そこで私はまず、Iさんの年間の売り上げを月ごとに聞いて、原因を見つける独自のヒアリングを行いました。

1月、2月、3月、4月……と順に、数年分の売り上げを確認したのですが、毎年決まって数字が大幅に落ち込む月があるのです。

それは8月。昔から、いわゆる「二・八（にっぱち）」といって、さまざまな事業や商売において閑散期を表す俗語があるほどですから、保険の数字が低迷するのもうなずけます。

Iさんも、いつも以上に訪問件数を増やすなど、惜しみなく力を注いでいましたが、「8月のジンクス」を打開することができず、いつも「お盆休みがあるから」という理由に逃げていました。

そこで私が行ったのが、「好転セッション」です。

じっくりと彼の心の声を聞くうちに分かったのは、幼少の頃に対人関係で嫌な体験をしていたことでした。

当時の一件がトラウマになり、この季節になると、マインドから心の奥にバリアを張り巡らせてしまうようなのです。つまり、自分自身で被害者のポジションをとってしまい、業績が上がらないことを、時期や周りのせいにしていたわけです。

それが原因で、数十年たった今も「8月の呪縛」から解放されず、仕事に支障をもたらしていたのでした。

その後、Iさんは私の好転セッションにより、自分では気が付かないリミッターを外すことに成功しました。自分自身の心が原因であり、「自身がそれを生み出している」ことをしっかりと自覚したことで、心のエネルギーを良質なものに変えていったのです。

次第に彼の声がどんどん明るくなり、笑顔が増えて、自信がみなぎっていくのをはたから見ていても実感することができました。

やがて彼は潜在意識からマインドブレイクし、ついには自分を変えることができたのです。それと同時に、彼の売り上げは2倍に伸びました。

これはほんの一例ですが、以前の彼のように「売り上げを上げたい」という方や、あるいは「お金が欲しい」「愛が欲しい」「名誉が欲しい」……と、「欲しい」「欲しい」の欲があらわになってしまうと、人も運も逃げてしまいます。

その理由は、「欲しい」という心の欠乏感を、無意識に他人に埋めてもらおうとする「心の欲」が透けて見えてしまうからです。

しかし、Iさんは私のセッションによって、心の欠乏感から解放され、運も人も寄ってくるようになり、仕事人生が一気に好転したのです。

賢人の言葉

賢い者はチャンスを見逃さない。
しかし自ら、それ以上のチャンスをつくる。

（フランシス・ベーコン／イギリスの哲学者、神学者）

出典：『人生を動かす賢者の名言』２０１８、池田書店

14 リスクを負わない人は、いつまでたっても運が良くならない

あなたの人生を創っているのは、あなた自身

普段の生活の中でも、とにかくリスクを負わない人って、あなたの周りにもいませんか？

特にビジネスの現場で、何かにつけてその場から逃げ出しがちだったり、言うだけ言って、そのポジションから去っていったり……。職場や取引先、上司や部下のどこにでも、リスクを負うことを避ける人はいるものです。

でもその前に、あなた自身が、そんな「リスクを負わない人」になっていないでしょうか。

リスクを負わない人は、いつまでたっても、決して運は良くなりません。

なぜかというと――。

リスクを負わない人は、責任を取ろうとしていないからです。

これが、先にも説明した「アカウンタビリティ（生産性の責任）」というものです。

生産性の責任？　社会科の勉強のような、なんだか難しい言葉のように感じるかもしれませんね。でも意味するところはいたって簡単です。

つまり、あなたの周りで起こっている全てのことは、「自分が生産している」「自分自身がつくっている」という事実を自覚しなさい、ということです。

え？　やっぱりちょっと難しいですか？

では、こんなふうに言い換えましょう。

この世であなたが、人生として体験していることは、「あなた自身がそれを生み出している」のだということをしっかりと自覚しなさい、という意味です。もっと平たく言えば、「あなたの人生を創っているのは、あなた自身なんですよ」ということなのです。

リスクと考えるか、「冒険」と捉えるか

あなたが遭遇する全てのことは、あなた自身がつくっているのだから、そのリスクもあなた自身が負わなければいけません。それを避けていたのでは、いっこうに幸運はやって

こないのです。

逆に、リスクを負うことに真正面から向き合うことのできる人は、それをリスクと思わず、「冒険」と捉えることができます。ここに大きな違いが生まれ、自ら運を引き寄せる力につながるわけです。

人は、どちらか一つを選ぶときに、リスクの少ない方を選びがちです。でも、幸運は安全な方向にはあまり落ちてはいません。

これは、実は脳の性質にも関係していると言われています。心理学では「強化学習」と呼びますが、人の脳は何も刺激のない状態よりも、多少リスクがある方を好むのです。

何かを選択する場面においては、これまで経験してきた安全な道よりも、少し冒険の待ち受ける道を選ぶことで、脳が活性化すると言われています。つまり、自分の行動の幅を広げていくことで、新しい発見があるわけです。

それまでの自分から少しでも脱却して、何かのリスクを取って行動してみてください。

それはなにも大掛かりなことでなくてもいいのです。例えば、「今まで入ったことのないレストランに入ってみる」とか、「今まで通ったことのない道を通ってみる」といった小さなことで構いません。そうやって、従来の自分の枠に捉われずに行動していくことで、今まで気付かなかった幸せに気付くことができるようになります。

冒険するということは、自らリスクを取って、自分の行動の範囲を広げて新しいことにチャレンジすることです。

リスクを取ることによって、安全圏を抜け出し、その結果、幸運につながる活動範囲も少しずつ広がっていきます。

あなたにとっての成功への可能性を、グンと広げていくことになるのです。

賢人の言葉

あなたの周りを変えようとしてもほとんど意味がありません。
まず最初に、自分の信念を変えなさい。
そうすれば、あなたの周りのあらゆることが、
それに応じて、変わります。

（ブライアン・アダムス／カナダの歌手、作曲家、作詞家）

出典：『人生を動かす賢者の名言』２０１８、池田書店

第1章
第2章
第3章
第4章
第5章
第6章
第7章
第8章

15 失敗と成功は紙一重 ～ライト兄弟やエジソンの冒険

心がワクワクするチャレンジを続けることが大事

歴史的に世界で最も有名な兄弟とも言われるライト兄弟。皆さんも、きっと一度は名前を耳にしたことがあるのではないかと思います。

彼らは、１９０３年12月17日に、アメリカ・ノースカロライナ州キティホーク近郊において、12馬力のエンジンを搭載したライト・フライヤー号によって、初めて有人動力飛行に成功したことで知られています。つまり、世界で初めて飛行機で空を飛んだのです。

世界を驚かせたこの兄弟ですが、歴史的なこの成功に至るまでの道のりは、実は決して簡単なものではありませんでした。

人間にとって、いつの時代も「空を飛ぶ」ことは夢であり続けました。

ライト兄弟が自転車屋を開業し、設計とメンテナンスの経験を積んでいた頃、ドイツの発明家、リリエンタールは、グライダーによる飛行実験で、およそ2000回もの滑空飛行を繰り返していました。使用したグライダーは十数機、しかし実験の最中に不幸にも墜落死してしまったのです。

「空を飛ぶ」という命懸けの無謀な夢に、普通の自転車屋だったライト兄弟が導かれたのは、このリリエンタールの事故が発端だったと言われています。

ライト兄弟は、彼の遺した実験データを入手し、本業の自転車屋の傍ら、グライダーの翼の改良を始めました。

改良した翼の揚力や安定性を確認しつつ、実験のたびに蓄積されていくデータをきちんと分析を重ねて熟慮し、そこに数多くの写真を追記して客観的に検証を繰り返して記録し、次の実験機への改良に生かしていきました。

さらにライト兄弟は、操縦士自身の熟練度をアップさせることも重視し、およそ700回に及ぶグライダー実験を実施。試行錯誤を繰り返しながら、7年の歳月をかけた結果、ついに12秒間の有人動力飛行に成功したのです。

ライト兄弟はその2年後、改良機で30分ものフライトにも成功しました。その後、開発が軌道に乗ってからは、飛行機会社を開業し、飛行機の販売を開始。二人はその後結婚もせず、仕事に打ち込み続けたといいます。

データを蓄積することを大切にし、失敗したことで得られる教訓を無駄にしないといった努力に加え、何よりも、有人飛行を実現するという夢と情熱が、ライト兄弟にはありました。

7年目の成功の裏側には、700回にも及ぶ失敗の歴史があります。その継続の積み重ねがなければ、決して世界初の成功にはたどり着きませんでした。

発明家として広く知られるエジソンのあまりにも有名な言葉に、「失敗は成功の母」があります。

エジソンは白熱電球を発明しましたが、当時、フィラメントの代わりになる物質を一所懸命に探しました。

そして、繊維や植物、金属や合成などありとあらゆる素材3000種類以上を試し、最後に日本の竹を使うと最もフィラメントが長持ちすることを発見しました。

そのとき、新聞記者に、「3000回も失敗して、あきらめようと思わなかったのですか？」と聞かれ、エジソンはこう答えたといいます。

「3000回も成功するための楽しみがあるなんて、楽しいと思わないかい？」

つまりエジソンにとって、3000回の実験は失敗ではなく、新しい可能性を探すワクワクした挑戦だったのです。

自らリスクを取って、冒険に挑む。その過程で生まれるのは、失敗ではなく挑戦です。心がワクワク躍るようなチャレンジを続けることで、心のエネルギーはダイナミックに変わっていきます。その結果、その人の人生を変え得るような大きな成功を手にできます。歴史に名を残す偉人は、自らの手でマインドブレイクを実現した成功者と言えるのです。

賢人の言葉

私は失敗したことがない。
ただ、1万通りのうまくいかない方法を見つけただけだ。
（トーマス・アルバ・エジソン／アメリカの発明家）

出典：『人生を動かす賢者の名言』2018、池田書店

16 運が悪い人との縁を切るハサミ

自分の中にある思いを切れば、相手との悪縁も切れる

あなたの周りに、「この人、運が悪いなぁ……」と感じる人はいませんか？

「運の悪さは伝染する」と言った人がいたかどうかは分かりませんが、仮にそんなふうに感じて、今のあなたの近くにいる「運が悪い人」と縁を切ったつもりでも、きっとまた同じような人と巡り合ってしまいます。

それは、あなた自身が変わっていなければ、結果は常に同じだからです。言い換えれば、大事なのは、たとえ運が悪い人と一緒にいたとしても、「自分自身の運が良ければいい」「自分の運を良いものにすれば、伝染しない」ということなのです。

よく、人脈を変えなさい、付き合う人を変えなさい、と言われるかもしれませんが、しかし、目の前に起こることや目の前に現れる人は、自分自身の鏡です。ですから、「運が

悪い人との縁を切るハサミ」とは、実際に自分に映し出されている自分の運の悪さを、潜在的に切ってしまうことなのです。

つまりそのハサミとは、自分自身が潜在的に抱えている運の悪さを、自ら切ってしまうために必要なもの。相手を切ることではなくて、自分の中にある思いを切る――。

それができれば、運が悪い人との縁は、自然と切られて離れていきます。そして、運が良い人との関係性にどんどん変わっていくわけです。

例えばあなたの家族や親族の中に、運が悪い人がいることがありませんか？　周囲から、問題児と言われてしまう人がいるようなケースです。

でも、家族の中でそんなふうに言われる人も、実はちゃんとした役割や目的を果たすために、そうした状況に置かれていると言うことができるのです。

つまり、自分ができない役割を、その人が担ってくれているということなのです。

家族は、実はいろいろな役割を担う人たちで出来上がっています。もちろん、父親や母親の役割、長男や長女の役割など、それぞれあるでしょう。

そうした表面的な役回りではなく、もっと本質的な、家族全体が前に進んでいくために分かち合っている、マインドのレベルでの役割というものがあることを、知ってほしいと思います。

家族の役割には、専門的には「ヒーロー（ヒロイン）」「殉教者」「傍観者」「問題児（スケープゴート）」「チャーマー（ピエロ）」といった、いくつかのものがあります。それは、家族お互いをそれぞれ助けるための、各々が担っている役割のことです。

俗に、ヒーロータイプの人が「運が良い」と思われるのでしょうが、一方で問題児（スケープゴート）と言われる人や、犠牲的な役割で生きている人は、自分の立場でほかの家族をちゃんと助けているわけです。

家族の中で、どちらかというと気弱で、ほかのきょうだいなどからいじめられてしまうようなタイプの人がいますね。それを「殉教者タイプ」と言うのですが、実はいじめられていることで、家族を助けようとしていることに気付いてほしいのです。

家族の中で、そんな立場に居る人を、運が悪い人だと決めつけるべきではありません。自分が担うはずだった役割を、殉教者タイプの家族が担ってくれることで、自分自身が成り立っていることを知るべきです。

家族の中で、「運が悪い人との縁を切るハサミ」は必要ありません。もちろん、問題児（スケープゴート）となってしまっている人の行いが、人に迷惑をかけているようなものであれば、直すための努力は必要です。でも一方で、その役割を果たしてくれている家族を、尊重するという気持ちがとても大事なのです。

自分のマイナス部分を、その家族が実は背負ってくれている。そのことをしっかりと意識しながら、「悪運を断ち切るハサミ」は、実は自分自身に向けて使うべきものであることを知ってほしいと思います。

賢人の言葉

人間関係は鏡のようなものです。
相手のあなたに対する態度は、
あなたの相手に対する態度そのものと考えてください。

（ジョセフ・マーフィー／アメリカの著述家）

出典：『人生を動かす賢者の名言』2018、池田書店

17 時間を守らない人は、努力しても幸運が逃げていく

原因は、あなたの心にすむ「罪悪感」

よく遅刻をしたり、約束の時間に遅れる人は、あなたの周りにもきっといるでしょう。たびたび遅刻する人が、時間に遅れる原因は何でしょうか。よく寝坊をする。忘れ物を取りに帰ることが多い。支度や準備が遅い……表面的に表れる事柄は、何かにつけてあるでしょう。

そんな遅刻癖を直すために、早く起きる、時間的な計画をしっかり立てる……などの対策が取られますが、実際のところそれだけでは解決になりません。

遅刻をする、時間を守れない根本的な原因は、もっと深いところにあるからです。

全ての遅刻に通じる原因。それは、実は本人のマインドの中にあるもの。心の深いところに潜在的に染み付いている、あなたの「罪悪感」なのです。

罪悪感という言葉を辞書で調べると、「罪を犯した、悪いことをした、と思う気持ちのこと」とあります。

つまり、あなたの心の底に染み込む罪悪感への償いを完了させたいために、叱られることを無意識のうちにつくってしまう。叱られる＝遅刻をする、という行動となって表れるわけです。

会社にいつも遅刻していく人。それは、叱られる原因を作る、無意識の感情で行動した結果が、遅刻という形となって表れるもの。つまり、その行動を起こすことに結び付くような「叱られたい感情」がそうさせるのです。

罪悪感を完了させれば遅刻はなくなる

この罪悪感をつくったのは、幼少期からの体験をはじめ、これまでの人生のなかで培われてきたもの。長い間にわたって心のメカニズムが生み出したトラウマです。

罪悪感が引き出されるような行動やリアクションが、時間を守らない、遅刻をするという行動となって現れてしまうわけです。

時間を守らない人は、おのずと幸運が逃げていくような思いや感情を、心の奥底にためています。だからこそ、「ご自身の罪悪感を完了させてあげればいい」――。

そうすれば、時間を守らないという行動はおのずと出てこなくなります。それによって、幸運を引き寄せられる人に変わっていくわけです。

全ての人に平等に与えられる「時間」

遅刻をする人はそれだけで幸運の女神に見放されてしまいますし、大切なビジネスチャンスを逃したり、人との縁を失ってしまいます。

私はこれまで、全ての人にとって平等であるはずの「時間の大切さ」を意識して、瞬間的に訪れるチャンスをモノにすることがいかに重要かを説いてきました。

幸運は本来、全ての人に平等に与えられる――と冒頭で説明しましたが、同様に、この世の全ての人に平等に与えられるもの。それが「時間」なのです。

つまり、平等に与えられた時間に対する考え方を変えていくことは、誰にでもできるチャンスの活かし方と言えます。

他人との約束だけでなく、自分との約束をまずは守ること。時間を大切にすると同時に、自分との約束も必ず守り、大切な行動を先延ばしにしないことが重要です。時間を守る、ということは、言い換えれば自分との約束を守る、ということなのです。

これまで、自分の周りに起こる事柄は、全て自分の思いの中から表れると説明してきました。自分との約束を守れない人は、いつまでたっても成功は不可能です。

言い換えれば、遅刻をしない、時間を守るという意識を強く持つことで自分との約束が守れるようになれば、幸運はおのずとやって来るようになります。

この意識を持つだけで、人生は大きく変わっていくはずです。

賢人の言葉

時間こそが人生そのものなのです。
そしてそれは心の中にあります。
時間を節約しようとするほど生活はやせ細ってしまうのです。

（ミヒャエル・エンデ／ドイツの児童文学作家）

出典：『人生を動かす賢者の名言』２０１８、池田書店

第3章

運がいい人の思考法

18 サラリーマンは1日4回しか笑っていない

赤ちゃんが1日に笑う回数は400回！

赤ちゃんは1日に何回笑っているかご存じですか？

赤ちゃんはもっぱら泣いているイメージが強いかもしれませんが、ある調べによって分かった回数では、1日に400回も笑っているというのです。

ちなみに、大人の一般的な人が1日に笑う回数は平均15回。どれだけ赤ちゃんがたくさん笑っているのかが分かると思います。

ここで、「笑う」という行為について考えてみると、笑うことは感情の発露であり、理屈ではありません。自分の心で受け止めて、瞬時に反応する感情行動として、笑いがあるのです。

つまり、人間の本能的な部分に訴えかける、感情の表れとして笑いというものがある。

だから、感情の塊そのものとも言える赤ちゃんは、１日に４００回も笑うのです。受けたものを感情としてそのまま表現する。そのプロセスになんの邪魔も入らないから、それだけ笑うことができるわけです。

笑えない心の状態だと運気はどんどん逃げていく

「笑う」という行為であり感情は、人間の本能として誰もが持っている、自然に備わっている良質のエネルギーです。仮に感情の全てが本能のまま表現できるなら、人は１日中笑って過ごせる生き物でもあるのです。

にもかかわらず、大人が笑うのは、なんと1日たったの15回……。もっと言えば、サラリーマンは1日4回しか笑わないと言われます。赤ちゃんのときに４００回も笑っていたものが、１００分の1である4回まで激減してしまう……。

なぜなのでしょうか。

そうなってしまう理由として挙げられるのが、その人が持つ心の弊害です。

本来持っているはずのポジティブな良質のエネルギーに、負のパワーがどんどん蓄積されて、笑えない大人になってしまう。心から湧き出るマイナスの思考が働いていくと、どんどんハートは閉じていってしまうのです。

心の中で思考が勝っている状態だと、幸運は起きにくくなってしまいます。ハートを閉じて、思考だけに捉われていると、運気は逃げていったまま、つかめないのです。

運は、頭（顕在意識）でどうにかできるものではなく、心で自然とキャッチするもの。だから、いつでもハートは開いておく必要があります。すり抜けないようグッドタイミングでつかむために、運気が逃げていかないように心をいつも開いておくことが欠かせないのです。

それを可能にしてくれるのが、笑うことです。笑うことで、ハートを開いた状態に保つことができます。そのとき、心のエネルギーはグングン上昇していき、開放的になって何でも受け入れられるのです。

「でも、笑えるような楽しいことがないんです」と、どうしてもネガティブな感情が先に立ってしまう人はいるでしょう。

そんなときでも、意識的に口角を上げてみるなど、笑うための努力をしてみてください。

口角を上げることで、幸せホルモンの一つであるセロトニンが分泌されやすくなることは、脳科学的に実証されているそうです。仮に悲しいときであっても、それによって脳が勘違いを起こし、幸せホルモンの分泌量が増えるのです。

意図的にでも笑顔をつくることで、あなたの心のエネルギーは、間違いなく良いものに変わっていきます。1日4回しか笑わない……などという悲しい状況とはさよならして、ぜひ意識的にでも笑える自分をつくってみてください。

何よりも、明るくて笑顔の多い人は、エネルギッシュで魅力的に見えます。ポジティブな心のエネルギーによって、幸せを引き寄せる力も強くなり、必ずや恋愛や仕事、人間関係に良い影響をもたらすでしょう。

賢人の言葉

幸福だから笑うのではない、
笑うから幸福なのだ。

（アラン／フランスの哲学者）

出典：『人生を動かす賢者の名言』２０１８、池田書店

19 運がいい人は、いつも「ありがとう思考」をしている

「ありがとう」はパワフルな力を宿した魔法の言葉

「感謝する」ことはとても大事で、どんな小さなことに対しても、「ありがとう」と言えるのが大切なのは言うまでもありません。

感謝という感情には、とても強力なエネルギーが満ち溢れています。人に感謝することができれば、逆に感謝されることも増えていきます。

そして感謝というものには、私たちの常識や先入観、固定観念を砕いてしまうほどの強く大きな力があるものです。

例えば、あなたがお金を支払うとき。つまり入ってくるときでなく、お金が出ていくときに、「ありがとう」と言葉を発してみてください。すると、従来の固定観念を崩すことにつながり、あなたの心に与えるエネルギーの質が変わっていくのです。

もっと専門的に言うと、「お金を払う」という、いわば被害者だった立ち位置が、「ありがとう」という言葉を発することで、被害者でなくなってしまうわけです。

さらに、「お金をこれだけ払える」という力を自分で再認識でき、自分に良質のパワーを戻してくれます。「ありがとう」という感謝の言葉には、そうした力さえもあるのです。「ありがとう」という言葉は、パワフルな良質の力を宿した魔法の言葉。それを使い、「ありがとう思考」を持つことで、幸運をどんどん引き寄せることができます。

「私はツイている」「私は運がいい」「きっと良いことが起こる」——ポジティブなワードをどんどん発して海馬に記憶させていくと、感情や行動はどんどん良い方向に向かっていくわけです。

嫌な上司や同僚が、実は自分の映し鏡？

感謝の言葉は、人生に大きな流れをもたらします。人生を、より良くするためのきっかけを与えてくれると言うべきでしょうか。

そうした前向きな言葉を意識的に使っていくことによって、マインドに良いエネルギーを蓄積していくことができるのです。

例えば会社員の方が、「〇〇をやらされた」という被害者意識で仕事をしてしまうことはありませんか？　上司に嫌な仕事を頼まれたり、取引先から無理難題を突き付けられて、「こんなことをやらされた」と思うことはよくあると思います。

逆に「ありがとう思考」で捉えると、それは自分に対して学びや成長の機会を与えてくれるものだという事実に気付かされます。「仕事を頼まれることは、自分を成長させてくれるチャンス」だと向き合うことができるのです。

仕事を請け負ったり、頼まれ事を引き受けたときに、心から「ありがとう」と発してみてください。その一言で、自分の中の被害者意識は消え、きっと心の持ち方が変わっていきます。

また、職場で感じの悪い対応をするような人がいたら、それは「自分の鏡」だと思って向き合ってみてください。つまり、その相手は自分自身を映す鏡……。そして、「自分がそんな嫌な役を社内でしなくてよかった」「あなたがやってくれて、ありがとう」という言葉を思い浮かべてみるとよいでしょう。

自分の代わりに、悪い役回りを相手がしてくれているとしたら、「ありがたい」と思えませんか？　これまで「受け入れられない」と思っていたことが、実は自分の心の中にある一部分だったと分かれば、「教えてくれてありがとう」となりませんか？

これまでと違う捉え方ができるようになることで、やがて「相手を許そう」という感情に変わっていきます。すると不思議なことに、意地悪だと思っていたその人が、少しずつ意地悪ではなくなってくるんですよ。

そんなハッピーな循環がどんどん起こっていくのが、ありがとう思考であり、それを創り出すことができるのが、「ありがとう」という魔法の言葉なのです。

賢人の言葉

感謝の言葉をふりまきながら日々を過ごす。
これが友を作り、人を動かす妙諦である。

（デール・カーネギー／アメリカの作家、対人スキルの開発者）

出典：『人生を動かす賢者の名言』２０１８、池田書店

20 運のいい場所とは、磁場のいいパワースポット

本当のパワースポットには高い波動がある

最近はパワースポットがブームになり、全国の神社やお寺がたくさんの人でにぎわうようになっていると聞きます。

そのこと自体、悪いことだとは思いませんが、でも本当に全ての場所がパワースポットなのかどうか……。ちょっと怪しくもあると、私はいつも感じています。

本当のパワースポットには良い波動の高さがあり、常に良い気をつくっているものです。それが、パワースポットとしてのエネルギーを持つことにつながるのです。

個々の生命体が持つ波動のことを、次元と言います。そして、その波動が上がることを、次元上昇と言います。

例えば、私が居る長崎のオフィスは、いつでも次元上昇をはかることのできる場になっ

ています。少し専門的になりますが、説明してみたいと思います。

長崎市内にある私のオフィスは全て、良質の磁場となっています。こうした電磁場としての質の度合いは、科学者に言わせると、全て暗号や記号で表すことができるそうです。場をつくるそれらのファクターは、場所が持つ長い歴史の出来事が積み重なることで、一つひとつつくられていくわけです。

だから、波動の良い場所というのは、その場で良いことだけが考えられたり、積み上げられてきたプラスの歴史によって培われていくものとなります。

また、どれだけ良い波動の場所であっても、そこに居る人がどんな心の持ち主かによって、毎日の積み重ねが大きく影響されます。日々繰り返していく習慣が良いエネルギーを伴っているのであれば、良い磁場が出来上がるということです。

近年では量子力学による科学的な切り口によって、そうした波動解析も進み、良質のエネルギーの振動によって良質の磁場が出来上がることが次第に立証されつつあるようです。つまり、良い心を育むことが、良い場をつくっていくということなのです。

私の長崎のオフィスは、磁場の波動が上がるように、長い間さまざまな要素を積み重ねてきました。緑などの環境を整えることや、波動水を敷地内に全て行き届くようにはわせていること。そして敷地の建物の下に、波動を高めた炭を埋め込んでいて、土自体も高波動のものを丁寧に敷き詰めています。

オフィス内の色彩も、全て良質の気をもたらすものに統一し、オブジェや絵画で脳内環境を整えられるようしつらえています。また弊社で取り扱っているパワーストーン「テラヘルツ鉱石」は、テラヘルツ波を照射させて本格的なものに仕上げていますが、このテラヘルツ鉱石などをポイントごとに設置の場所を選び、置いているのも特色の一つです。風水の要素も加えるなど、良いものは全て取り入れ、今後もいっそう充実をはかっていこうと考えています。

私のオフィスの門をくぐってもらうと、来られた方が、明らかに「気が変わったのが分かる」とおっしゃいます。ふわーっとした良い気を感じながら、「まったく違う空間に来た気がする」と言っていただけることが多々あるのです。

お越しになった方には、きっと良質のエネルギーを、心と体いっぱいに感じてもらえることと思います。

今後は、置くとお部屋の波動が上がる——という幸運引き寄せのグッズも積極的に創っていきたいと考えています。オフィスの敷地には古民家カフェも併設し、多くのメディアにご紹介いただきました。このカフェのオーナーは複数の会社を持つ経営者でもあり、私のクライアントでもあります。

ぜひ機会があれば、私の長崎のオフィスまで足を運んでみてください。あなたの人生に影響を与える、何かの気付きにきっと出会えますよ。

賢人の言葉

20歳の顔は、自然の贈り物。50歳の顔は、あなたの功績。
女は40歳を過ぎてはじめておもしろくなる。
かけがえのない人間となるためには、
いつも他と違っていなければならない。

（ココ・シャネル／フランスのファッションデザイナー）

出典：『人生を動かす賢者の名言』2018、池田書店

21 掃除が行き届いていると、気の流れが良くなる

断捨離は誰にでもできる心の大掃除

家や部屋の掃除をすると、多くの人は自分の気持ちが前向きになると感じるでしょう。掃除をしてキレイにするということが、頭や心と連動しているからなのです。

辺りに物が散らかっている場所だと気が散ってイライラしがちですが、反対にきちんと掃除が行き届いた場所にいると、気持ちがすっきりして前向きになるものです。

つまり掃除をすることは、自分自身の心の状態と密接に関連していると言えるのです。

いっとき断捨離がブームになり、「着ない服は捨てましょう」「使わないものは捨てましょう」と盛んに言われたことがありますね。

これは、言ってみれば心の大掃除なのです。

断捨離を行ったことで運命が変わった……という人がいますが、つまりは心の持ちようが変化したからです。

何であれ、汚れているものを見ると気持ちまで沈みがちになります。

逆に、掃除の行き届いた部屋で暮らしていると自然に前向きになるもの。心が気持ちい い状態になると、物事は自然と良い方に流れ出すのです。

つまり、掃除は心の整理整頓であり、いらないものを捨てること。それまでの「執着」を切り捨てることができるという、心の断捨離でもあるのです。

捨てる行為には、運気を変える効果がある

例えば、別れた恋人が好きだったCDを聴いたり、二人でよく観たDVDなどを再び目にしてしまうと、その瞬間に脳が記憶の中を検索して、該当する事柄にアクセスしてしまいます。結果、忘れていた場面が記憶の底からよみがえってしまうのです。

断捨離を行って、CDやDVDを捨ててしまえばもう見ることはありませんから、脳もわざわざ検索することはありません。ですから、思い出したくない記憶にアクセスできな

い状況を強制的につくってしまうのが、捨てるということ。掃除をする、捨てる、捨て去るというのは、運を変えるためにはとてもいいことなのです。

逆に言えば、自ら幸運の流れにうまく乗っているときには、余計なモノをまったくため込んでいません。意識しないうちに、自分から積極的に捨ててしまっているわけです。

捨てることに執着を持たない状態ですから、どんどん掃除は進んでいきます。しかも捨てているのに、結果としてなぜかいいモノばかりがたまっていくのです。

「捨てているのに、結果的にいいモノばかりが残っている」……これは、自己実現や願望成就を目指す際に共通する、とても大事なキーワードにもなるものです。

自分の気付かないうちに、願っていたことがいつの間にかかなっていた。忘れていたのに、気が付くと実現していた。自分では意識しなかったのに、いつの間にか目標地点に到達していた……といった感覚です。

こうするぞ！　とシャカリキに意識していたことではなく、そういえば自分はこうなりたいと思っていたなぁ……と、振り返ってみるといつの間にかそれがかなっていた、というのが、本当の願望成就であるわけです。

つまり自分の運命が、マインドブレイクの法則によって大きく変わった証し、と言えるものです。

もちろん、目標を明確にした上で、それに向かって頑張ることはとても大事です。

けれども、思うことと執着することは違って、執着することはマイナスのエネルギーを帯びてしまうので注意が必要なのです。

足らないから求めるのではなく、**心を満ち足りた状態にした上で、さらなる高みを目指す**――。しっかりと心をクリーンアップして執着を手放し、本当の願望成就に向かって歩みを続けてください。

賢人の言葉

もったいないようだけど、捨てることが、いちばん巧妙な方法だね。
捨てることを惜しんでいるヤツは、いつまでたってもできないね。

（本田宗一郎／ホンダの創業者、経営者）

出典：『人生を動かす賢者の名言』２０１８、池田書店

22 朝起きたとき、いい1日のイメージを描く

「頑張る」よりも「簡単にできる」と声に出そう

朝起きたときに、良いイメージを自分の中で描くこと。これはとても大事なことです。

正確には、朝の目覚めのとき。最初に自分の頭の中で前向きなイメージを描くことは、運を引き寄せていくために必要なことなのです。

もう少し具体的に言うと、「イメージを描く」という漠然としたことよりも、朝が来て目が覚めるときに、「今日1日の選択を行う」ということです。または、方向性を選ぶと言ってもいいでしょう。

まだはっきりとは目覚めていない、まどろみの中くらいがちょうどいいタイミングです。

そのタイミングのときに、その日、自分が進む方向性をしっかりと選択してみてください。自分で方向性を明確に決めると、きっとその通りになります。

どのような選択を行うかはとても大切で、例えば、「流れに乗る」ということでもいいでしょう。

「幸運の流れに乗る」。これは、計画通りにコトを進めるということとは違って、幸運を引き寄せるための流れに乗ることを選択するもので、とても良いチョイスの仕方なのです。

例えば、「今日は1日、頑張ろう」という方向性を定めたとします。

「頑張る」ということを目標設定にすると、自分の前には、頑張らなければならない出来事ばかりが現れるようになります。それによって、「頑張る」という目標はかなうのですが、到達するゴールまで目標設定がなされていないから、頑張るだけで終わってしまいがちなのです。

頑張るという、同じ楽譜の1小節が同じように何度も繰り返されて、結局目指すゴールにはたどりつけず、1日が堂々巡りで終わってしまいます。

そうではなく、到達すべきゴールを明確にして、思考をもう少し先に進ませてみることが大事です。

例えば、「努力なしで成功しよう」と自分で選択するとします。これは、ゴール設定の仕方が微妙に違うものですが、実際に成功が得られる確率はグンと上がります。

また、「仕事が面白いように簡単にできるぞ」というふうに設定してみてもいいでしょう。大事なのは、幸運の流れに自然に乗る……という選択を、自らの心に強く意識づけることです。ぜひ試してみてください。不思議とそんなふうに物事は進んでいきますから……。

無駄な努力をせずに、流れに乗ろう――こうした選択をすることで、たまたま駐車場が空いていたり、混んでいた電車内で、目の前の席がいきなり空いて座れる……といった幸運な流れに乗れるようになります。

「努力もせずに、そんなに簡単に目標に到達なんてできるはずないでしょ……」と感じている方は、だまされたと思って、朝の目覚めの際に、「今日1日の選択」を行ってみてください。

「幸運の流れに乗ろう」――1日のスタートでそう選択することで幸運を引き寄せ、自分の思うことが全てかなっていくような気になれば、もうしめたものです。

こんなことが決まった、あんなことも決まった……。ただ歩いていても、向こうから幸運がやって来るような、そんな流れをつかむことができます。

今日1日は、きっとこうなる――。それを当たり前のマインドで、平然と言えるようになっていることがポイントです。つまり、余計に頑張らず、無駄な努力をせずに、流れに乗ることが大事なのです。

それが、あなたにとっての幸運な1日をつくります。そんな選択のなかで、ぜひ1日を過ごしてみてください。

賢人の言葉

「努力すれば、どんなことでもできる」

そういうふうな言い方は、

人間や人生の真実が見えていないのだな、と思います。

（大村はま／教育者）

出典：『人生を動かす賢者の名言』2018、池田書店

第4章

運命が逆転する「マインドブレイク」の法則

23 心の壁を打ち壊し、意識を変える「マインドブレイク」の法則とは？

あなたにもきっとある、「心の壁」

これまで本書で何度も出てきたキーワードである、「心の壁」。

もうなんとなくお分かりかと思いますが、これは無意識に閉ざされている心の扉のことです。つまり、固定観念によるマインドの壁であり、自身の行動を妨げるもの。思考や行動に影響を与える、心理的な障害やバリアーのことです。

心の壁があると、あらゆることを「自分には無理だ」「自分にはできない」などとネガティブに捉えてしまいがちです。本来成し得るはずの、自己実現や願望成就の邪魔になってしまうわけです。

そして、「マインドブレイク」とは、そうした心の壁を突破することを言います。

私たちはもともと、「成功するため」「幸せになるため」に生まれてきています。

このことを、絶対的な真理として、まずは胸に深く刻んでください。「マインドブレイク」の法則を活用すれば、人がもともと持っている、そうした運の良さを引き出すことができます。心の壁を突破することで、幸運の扉を開くことができるわけです。

つまり「マインドブレイク」とは、「運が良くなる法則」のこと。潜在意識、無意識までを変えることで、心の壁を壊していく心理メソッドなのです。

マインドブレイクを起こせば劇的に運命が変わる

私たちが今対峙している状況は、自身のマインドの表れだとこれまでも説明してきました。

その「心」は、「顕在意識」「潜在意識」「無意識」と大きく三つに分かれていることもすでに説明しましたが、ここでいま一度記述を加えると、顕在意識とは、私たちが認識できる心のことを指すのです。

一般的には「思考」と呼ばれる部分です。これは意識全体のたった4％と言われていて、反対に潜在意識・無意識は96％を占めており、これが私たちの現状に大きな影響を与えているのです。

後者の二つの意識を改善していくことで、私たちの人生は大きく変化していきます。それを実現する心理メソッドのことを、「マインドブレイク」と表現しているのです。

これまで、心の壁（マインドブロック）について、折に触れて紹介してきました。私たちの心は、ほとんどが「自分の過去」に縛られているのですが、普段はそのことにまったく気付けません。けれども、たくさんの望みがあって、それをかなえようとしてもなかなかうまくいかないのは、自身の心の深いところにあるマイナスのマインドが大きく影響しているからです。これを心の壁（マインドブロック）と呼んでいて、壁を壊してマインドブレイクを起こすことによって、劇的に運命が変わるのです。

マインドブロックは、潜在意識や無意識の中にある心の壁のことですが、そのなかでも特に厄介なのが、先祖に由来している心の壁です。先祖や家系のどこかに原因となるトラウマがあり、壁がそこから生まれているというパターンです。

このマインドブロックは、人生のなかで何かの被害に遭ったり、金銭問題や人間関係のトラブルが起きたりするなど、あなたの運命により大きな影響を与えていきます。

「なぜか破局が続き、弟や親も離婚していた原因は、先祖から続いた家系のトラウマが原因だった……」といった事例は、典型的なパターンです。あなたが望んだ方向へ行けなかったり、問題が起きたりするときは、多くの場合、自身の過去の経験や体験が大きな影響を及ぼしていたり、家系のどこかに原因となるトラウマがあるものです。それを知り、壁を壊すメソッドが、「マインドブレイク」なのです。

私たちは、運命を変えるために家系の問題を改善することに、特に力を入れており、それを得意としております。

賢人の言葉

世の中には、「未常識」が溢れている。
だから、常識をちょっと疑ってみよう。
……人が人と出会って変わるように、
人は「未常識」と出会って、変わる。

（浜口隆則／経営者、著述家）

出典：『人生を動かす賢者の名言』2018、池田書店

24 「コーチングセラピー」という独自メソッド

三つの要素を融合したメソッドで強運を創る

俗にいう「トラウマ」という言葉は皆さんもよくご存じと思いますが、実はそれ自体はあまり大きな問題でありません。というのも、普段、皆さんが口にするトラウマというものは、実は本当のトラウマではないからです。

それは、過去の自分に何が起こったのかという、トラウマの正体がある程度分かっているものを言います。でも本当のトラウマは、その正体を心の中に押し込めてフタをしてしまっているもので、その実体が何であるかは、ご自身ではまず意識も認識もできません。封印しているから認識できない。それが本当のトラウマなのです。

思い出せたり、認識できたりするトラウマは、もちろんつらい経験ではありますが、まだ軽い方。でも、その奥にある本当のトラウマは、自分にとって強烈に見たくないものであることがほとんどです。それを、まずは自分でしっかりと認識すること。運命を変えるための私のメソッドは、そこから始まることになるのです。

これまで一般的に日本で行われてきたカウンセリングは、傾聴型と呼ばれるものです。私のセッションは、そうした傾聴型をベースに、課題解決型カウンセリングを行う点に特徴があります。カウンセリングやコーチングでは解決できない潜在意識メソッド、無意識メソッドのヒーリングを取り入れて、問題がどこにあるかを探るものです。

多くのカウンセラーは、カウンセリングによって過去を見ていき、記憶をさかのぼります。でも、そこで開いた心のケアをしないから、十分ではないのです。

私のメソッドは、コーチングとカウンセリングとセラピーの三つを融合した独自のものであり、それを「コーチングセラピー」として確立しています。

カウンセリングとコーチングであなたの心の扉を開き、十分なケアを行って、良質な心のエネルギーに変えていきます。だからこそ、ご自身がしっかりと前に進んでいけることにつながるのです。

この三つを高いレベルでまとめて実践するメソッドは、まずほかにはありません。

それぞれ、コーチングはコーチ、カウンセリングはカウンセラー、そしてセラピーはセラピストと役割が特化しているのが普通だからです。この三つを統合することで、ご自身の強運を創っていくのが、私のコーチングセラピーなのです。

コーチングセラピーは、心をメンテナンスすることで、繰り返し表れる結果や、結果に結び付くパターンを、根本から変えることができます。

そしてご自身ではこれまで気付けなかった心の潜在的なエネルギーを、その人のビジョンと一致させることによって、求める「生きがい」を感じる生き方へと変えることができるのです。

本当に見つけなくてはいけないトラウマは、思い出さないように自分でフィルターをかけてしまっていますから、単に傾聴するだけでは、山手線のようにぐるぐる回る堂々巡りのようなものです。

そこで、コーチングとカウンセリング、セラピーという三つの技法を融合して、独自の質問を重ねる中で具体的に切り込んでいく。そうすることで、閉ざされた心の扉を開き、ご自身の強運を創るための「マインドブレイク」が果たせるわけです。

私が主宰する「好転マインドブレイクセッション」は、願望成就や自己実現を願う方々が、本当の意味での「成功」や「幸せ」を得ながら、明確な自信を持って突き進んでいけるライフスタイルを実現するための特別なセッションです。

長崎を拠点に7万件以上、20年以上にわたって、全国にお住まいの主婦や経営者、会社員、医師や大学教授、文化人や著名な方などあらゆるジャンルの皆さまをサポートさせていただいています。

賢人の言葉

疑わずに最初の一段を登りなさい。
階段の全てをみなくてもいい。
とにかく最初の一歩を踏み出すのです。
（マーティン・ルーサー・キング・ジュニア／
アメリカの牧師、公民権運動指導者）
出典：『人生を動かす賢者の名言』２０１８、池田書店

第1章
第2章
第3章
第4章
第5章
第6章
第7章
第8章

25 いつも誰かに文句を言われている人の深層心理

愛を止めてしまうと、運の流れも止まる

よく上司から文句を言われがちな人がいます。その場合は、文句を言う上司の方が、攻撃性が強いと普通は思うでしょう。

でも実質的には、そうした行為は文句を言われている側の、その人自身の攻撃性によってなされていることも多いのです。

最近パワハラが話題になっていますが、例えば上司のパワハラを誘発させるような攻撃性が、無意識のうちに文句を言われる側に表れている……ということです。

悩んでいる方の思いをひもとき、攻撃性のもとになっている心の壁を癒やしていくことで、攻撃されない人に変える――。それが、私の「コーチングセラピー」なのです。

人は愛することをやめたとき、愛されていないと感じ、愛を止めてしまったときには、罪悪感を感じるようにできているようです。

罪悪感は運にとってくせ者です。その理由は、罪悪感があると、相手を嫌になったり相手が攻撃しているように感じたりしてしまいます。そして攻撃的な気持ちが芽生えてしまうのです。

怖くて萎縮してしまい、相手を避けてしまうかもしれません。

つまり、愛を止めてしまうと、運の流れも止まってしまうのです。

賢人の言葉

私は理想を捨てません。どんなことがあっても、
人は本当にすばらしい心を持っていると
今も信じているからです。

（アンネ・フランク／『アンネの日記』の著者）

出典：『人生を動かす賢者の名言』２０１８、池田書店

26 脳の問題解決の動きが、運の引き寄せを呼ぶ

脳の働きで幸運を引き寄せる方法がある

私たちの脳は、まるで小宇宙と言われるほど、膨大なミステリーに満ちたものです。現代の発達した科学の力をもってしても、脳の力の解明は到達点にはまだほど遠く、道半ばと言えるものです。

本書で大事なテーマとしている三つの意識も、つまりは脳の働きによってもたらされているもので、脳をどう上手に活用できるかは、いかに運命を変えられるかということに密接に関わっているのです。

脳の働きによって問題解決を行う方法、もっと言えば、自分の脳によって、幸運を引き寄せる方法とはいったい何でしょうか。

脳科学について長く研究活動を行い、数多くの著書を発表してきた脳科学者の中野信子さん。テレビ番組にも多数出演し、脳の働きを科学的な観点から説明するコメントは周囲の耳目を集めています。

実は中野さんは、「脳をコントロールしたりトレーニングしたりすることで、もっと豊かで充実した日々を送ることができる」という考えを唱えています。それは、私も大いに共感できる点が多々あります。

中野さんはさらに、あるメディアのインタビューで、「脳をトレーニングすることで、強運さえも手にできる」と話しています。これは、実に注目に値するコメントです。

要約すれば、「運というのは、当初は誰にも等しく渡っているもので、チャンスは平等にある」「例えばポーカーにしても、最初に配られたカードはランダムで平等な〝運〟であり、たとえ手札が弱くても、その後のやりようがうまければ、勝てる場合がある」「つまり運は、誰かから与えられた得体の知れないものではなく、技術やその後の行いによって、自ら手繰り寄せることができるものだ」——と言っているのです。

ご本人の言葉を抜粋して引用してみましょう。

「実は運というのは皆に平等に降っていて、チャンスは平等にあります。これは実験でも実証されているんです。それなのに、私たちは運のいい人と悪い人がいるように感じています。なぜだろう、運の良し悪しというのは、その人の振る舞いではないだろうかと研究者が着目しました。

研究者は、まず性格傾向に着目しました。

ビッグ5といわれる特性5因子を使った性格傾向の尺度があります。開放性、外向性、誠実性、協調性、神経症傾向の五つです。自分で運がいいと思っている人は、開放性と外向性のスコアが高いことが実験から分かっています。

こうした人たちは、落ち着いて行動し、新しい物事にも挑戦し、自らチャンスをつかんでいく傾向があるようです。

このスコアが低い人に思考パターンを変えるトレーニングをすると、内観が変わり始め、『いいことが起こるようになった』と報告されたという結果が得られています」

出典：『くらし塾 きんゆう塾』2017夏号、金融広報中央委員会

外向的で開放的な人は、よりたくさんの人たちと知り合うチャンスが多く、その中には

裕福な人、お金持ちもいるかもしれません。また、外向的な人に援助をしてくれる人は、より多くいるように思います。

さらに外向性や開放性が高い人は好奇心もあり、新しい出来事や状況が起こってもそこから逃げることなく、楽しむことができる性格です。つまり、幼いころから楽しいこと、喜ばしいことを心にたくさん刻んできた人、と言うことができるのです。

自分自身がワクワクして楽しんできたならば、それこそ運が上がっていくエネルギーを、豊富に心に宿しているはず。さらに、そんな思考に変えることで、「いいことが起こるようになった」というのは興味深い結果です。思考が行動を変え、習慣を変えることで運気が変わる。脳科学の側面からも、そのことが示されているということでしょう。

賢人の言葉

考えは言葉となり、言葉は行動となり、
行動は習慣となり、習慣は人格となり、
人格は運命となる。

（マーガレット・サッチャー／第71代イギリス首相）

出典：『人生を動かす賢者の名言』2018、池田書店

27 固定観念があなたの才能の開花を妨げている

新しい経験を怖がらずにやってみる

脳科学者の中野信子さんによる興味深い話を紹介しましたが、実はそれには少し続きがあります。

前述の性格傾向の実験は、あくまで欧米人を対象にしたものであり、そのまま日本人に置き換えられるかどうかは未知数だと彼女は付け加えています。

「日本人の性格はかなり特徴的で、ビッグ5の中でも際立っているのは誠実性と協調性です。つまり、そういう戦略を備えた人たちが日本では生き延び、子孫を残しやすかったということ。開放性・外向性の高い人たちは、一時的にはチャンスをものにできたかもしれませんが、日本の長い歴史の中では、然るべき理由によって数が減ったと考えられます」

欧米と日本でのこうした性格の違いは、脳の違いや遺伝的バックグラウンドにも原因があると言います。

そのなかで、私たち日本人が強運を得るために脳をバランスよく健全に保ち、育てていくためには、日々の生活でどのようなことを心掛けていけばいいのでしょうか。

「ちゃんと食べる。ちゃんと運動する。ちゃんと起きる。適度なストレスも、実は刺激になって脳を育てる場合もあります。ちょっと背伸びをするくらいの負荷をかけて、肉体と同じように脳も適切に使っていけるといいですね」

そして日本人に足りないと言われる開放性や外向性を上げていくには、「たまには知らない街をお散歩してみましょう。新しい人と交流してみましょう。読んだことのない本を読んでみましょう。新しい経験を怖がらずにちょっとやってみましょう」――そんな行いが大切とのことです。

出典：『くらし塾 きんゆう塾』２０１７夏号、金融広報中央委員会

彼女が話してくれたように、「新しい経験を怖がらずにやってみる」ことは、マインドブレイクの面でもとても重要なアクションです。

新しい経験とは、それまでの固定観念を取り払うこと。このときの固定観念とは、いつ

も頭から離れないで、その人の思考を拘束するような考えのことです。

これを取り払うためのアクションは、幸運を呼ぶための重要なきっかけづくりにつながることが多くあります。

例えば、それまでの自分の習慣性をガラリと変えて、行ったことのなかったようなお店に意識して入ってみることや、仕事などでも、進んで司会やプレゼンなどの重責を担う……といったことも有効でしょう。

過激な変化によって突破口を開き、そこからご自身にとっての新たなプロセスが始まることは多くあるのです。

変化に慣れていくと、次第に動じず、平然と実行できるようになりますが、そのことがご自身の心の容量を広げ、開運のチャンスを拡大していくことにもつながるのです。

「すぐには無理」「準備がないとできない」……といった、これまでの習慣性をもとにした固定観念を取り払ってしまうこと。才能の開花のためには、それが重要な役割を持つことになります。

普段は行かないラーメン屋に飛び込んでみる。一人で知らない店を訪れてみる……これまで自分の頭になかったようなことを、日常生活のなかで意識的にやってみるといいでしょう。

そうやって日常の行動を変えることが、思考回路の変化をもたらし、眠っていた才能の開花につながることは多々あります。

ほんの小さな勇気とちょっとした行動力があれば、誰だってできることでしょう。

その毎日の積み重ねが、やがて大きなエネルギーになって、ご自身の願望成就の扉を開くことを、ぜひ知っておいてください。

賢人の言葉

いま曲がり角にきたのよ。曲がり角をまがったさきになにがあるのかは、わからないの。でも、きっといちばんよいものにちがいないと思うの。

（ルーシー・モード・モンゴメリ／カナダの小説家）

出典：『人生を動かす賢者の名言』2018、池田書店

28 未完了なものをしっかり完了させる

未完了とは、負のエネルギーが封印された状態

本書の中で、心の壁を癒やすことと同じ意味として、「完了させる」という表現を使っているることに気付いている方は、どれくらいおられるでしょうか。

逆に「未完了な感情」とは、読んで字のごとく、完了していない感情です。「今でも考えたら後悔している」とか、「思い返すと怒りが湧いてくる」といったネガティブな感情のもとになる、「負のエネルギー」と言えるものです。

あなたの心の中に生まれた感情というエネルギーの中で、何かしらの事情によって満たされない状態のまま、封印されたもの。自分の意識の中で、いまだ不完全燃焼に終わっていて、心の壁の原因にもなっている事柄……それが、未完了なものということができます。

その事柄を思い出してしまうと、過去に経験した負のエネルギーに包まれるのと同様の

状態になってしまいます。

例えば、ご自身に将来に向けた何かのビジョンがあって、それに対して100％のマインドを傾けるべきところで、昔のマイナスの感情に捉われてしまうと、せっかくの前向きなマインドが過去に戻されてしまいます。その結果、100％のエネルギーをビジョンに向かって注ぐことができず、成功への道のりはいつの間にか閉ざされてしまうのです。

過去のこだわりに向けてマインドやエネルギーを使うことに終始してしまい、今を生きることになっていない――。そんな状況に心をからめ捕られているのが、「未完了な状態」なのです。

思い出しても感情が揺れない体験は、心の中ですでに完了しています。

反面、思い出すとつらい気持ちがよみがえってくるときには、負のエネルギーが未完了のまま体にたまっている可能性があります。未完了の感情が、あなたの心のコップの中にたまっているのかもしれません。

心の器を空っぽにして、良質のエネルギーに入れ替えよう

心の壁が癒やされず、完了していない状態であるときは、心の容量はいつまでたっても不十分に埋まったままです。

仮に100が入る器を持っていたとしても、過去のマインドが半分くらいを占めてしまっていれば、その器に新たな運を入れようとしても、半分の50しか入りません。

そうなると、本来十分に得られるはずだった良質のエネルギーは、心の中の半分しか満たしてはくれないのです。それはとても非効率であり、歓迎すべきことではないでしょう。

それに対して、過去のマインドがきっちりと完了した状態になると、器の中は空っぽになって、もう何も残っていない状態になります。100の十分な容量が入る状態にした後、新しい良質のエネルギーをどんどん入れていくことができるわけです。

心が完了している状態であれば、例えば別れた恋人のことを思い出したとしても、「元気にしているかな……」「今も感謝している」といった前向きな感情になり得ます。

逆に未完了であれば、「あのときああしておけばよかった」「あいつのせいで……」といっ

たマイナスの感情が依然として心に渦巻いているものなのです。

運命を好転させるには、それまでのマインドや感情を、しっかりと完了させることがとても大事です。未完了になって残らないよう、過去のマイナスの感情はきちんと癒やさなければ、願望成就などできようはずもありません。

感情を完了させるためには、思い出したくない体験をあえて思い出して、そこに意識を向け、じっくりと癒やしていくことが必要なのです。

私のコーチングセラピーでは、こうした未完了の感情を癒やし、長年の癖や思考パターン、習慣を断ち切り、現実を変えるサポートをしていきます。

賢人の言葉

不運が続くと思ったら、虚心になって変化を目指せ。
不運を幸運に変える要諦は、これしかない。

（大山康晴／将棋棋士。十五世名人）

出典：『人生を動かす賢者の名言』２０１８、池田書店

29 マインドブレイクとは、「過激な変化」であり「始まり」

あなたの人生をブレイクさせるための法則

マインドブレイクとは、あなたの運命を劇的に変える法則であり、方法のことです。本当の意味での成功や幸せを得て、充実感や達成感に満ち溢れた人生を生きるための、運命逆転の法則なのです。

そこにはおのずと、過激な変化が伴います。

これまで何度も説明してきたように、マインドブレイクとは、今まで自分が封印していた心の壁にあらためて直面し、それを壊すことで運命を変えること。新しい自分を創り、文字通り人生をブレイクさせることにつながる運命好転の法則なのです。

心の壁を壊す、つまりご自身のマインドを見つめるということは、過激な変化につながるもの。自分の内面が変わると、周りの劇的な変化を実感していけるからです。

それがやがて、新しい人生を創っていくことにも結び付いていきます。「マインドブレイク」によって心の壁を壊していくことで、新しい人生が始まっていくわけです。

根本的な解決を図らなければ、運命は好転しない

過激な変化と書くと、何かとても大きなことを行う必要があるように感じるかもしれませんが、そんなことはありません。それは、皆さんの普段の生活のなかでも得られるものです。

例えば日々の仕事のなかで、部下に対して、準備していないことを急に指示してやらせてみるといったことも、「過激な変化」によってマインドブレイクを起こすことにつながります。

準備をしてしまうと、心に自然と「怖れ」が出てきてしまいますから、何の準備も与えず、いきなり実行に踏み切ることが大事なのです。

変わらなければならないことほど、実は心の深層から「怖れ」が湧き上がり、せっかくのアクションを阻害してしまいます。マインドに刷り込まれた「怖れ」の感情によって、

積極的な取り組みが妨げられてしまうのです。

よく、「気分を一新しよう！」「新しい人生を踏み出したい！」と考えて、転居や転職などの「過激な変化」を自ら選択することがあります。もちろん悪いことではありませんが、そうした環境の変化で一見あなたが変わったように見えても、決して根本的には解決していませんから、障害や問題は繰り返して現れます。

しかも障害や問題は、置かれた状況や環境に応じて姿や形を変えて現れてくるため、たとえ同じ問題を繰り返していても、最初は認識しづらいのです。

あなたの心の壁を壊すマインドブレイクによって、問題を根本的に改善することで、初めて人生が好転していきます。

マインドブレイクは、願望成就への新たな始まり

あなたが直面している目の前のトラブルは、あなたの心の深い部分にある心の壁が原因で起きていることをぜひ知ってください。

そして、あなたの成功や願望成就の邪魔をしている心の壁を取り壊し、本来の成長ステー

ジに進むために、マインドブレイクの法則は必ず役に立ちます。

ただし、それを行うには、潜在意識や無意識の心から生まれる、悩みや不安の本質を知っていなければなりません。

マインドブレイクによって心の壁を打ち壊し、癒やしていった結果、運命や人生が大きく変わった方はこれまで数えきれないほどおられます。それは、皆さんの人生にとっての過激な変化であり、願望成就への始まりでもあります。

マインドブレイクの法則を知ることは、あなた自身が将来の成功を手にするための、スタート台にもなるのです。

賢人の言葉

昨日は去りました。明日はまだ来ていません。

わたしたちにはただ、今日があるのみ。

さあ、始めましょう。


（マザー・テレサ／カトリック教会の修道女）

30 ミッドライフクライシスを知っていますか？

30代後半から直面していくさまざまな不安

あなたは「ミッドライフクライシス」という言葉をご存じですか？

実は30代以降になると、人生のなかで私たちの心が目指すものが大きく変わります。仕事のこと、家庭や家族のこと、この先のこと…。人生のフェーズが次の段階に移り、それまで意識しなかったさまざまな不安が、30代後半から次第に強くなっていくのです。

本書でも、日々の生活で直面する出来事は、ご自身の「選択」の結果だという話をしてきましたが、同様に人生も選択の連続です。そして、自分の意志で積み重ねてきたはずの選択が間違っていたのでは……？　と感じたとき、多くの人は、自分の人生そのものの土台が揺らぐような感覚を味わいます。これを、ミッドライフクライシスと表現しています。

ミッドライフクライシスは、男性にも女性にも起こるものですが、結婚の後、出産や育児に直面していく女性のミッドライフクライシスは、とても複雑だと言われています。
ここで、前に新聞に載った興味深い記事がありますから、その中から一部を引用してみましょう。

見えなかった現実に気付くと、人は深く傷つく

「気付きは、深い傷を伴います。ものの見方や自分に対する意識が確立してくる中年期の気付きとは、『今までの価値観が無価値だとか、間違っていたかのように思える』という感覚に近いのです。

それは、単純に『悩みや迷い』という言葉でひとくくりにできるものではありません。今まで見えなかった現実が見えると、人は現実を受け入れがたく、時には恐怖すら感じます。すると、これまで自分が信じていたことや、ものの見方が間違っていたのではと考え、途方もない罪悪感や無力感を感じることも、しばしばあるのです」

出典：nikkei WOMAN Online

それまでの自分のものの見方や価値観が間違っていたように思ったとき、不安になったり、何かしなくては……と焦る人は多くいます。

ミッドライフクライシスの真っただ中にいると、身動きが取れないような気持ちになりがちで、そのため、急激な変化を求めてキャリアチェンジや突然の結婚、離婚、不倫など、極端な行動に走ってしまう人もいます。

そして、不安定な状態で下した極端な判断は、後に大きく悔やむことが多いものです。つまり、この時期に何をどう決断するかが、その後の人生を大きく左右してしまうことになるわけです。

ビジネスマンはもちろん、例えば結婚願望のある女性にとっても、30代をどう生きるか、どんな考えで過ごしていくかはとても重要でしょう。そして30代後半くらいから、外側の成功（楽しみ、達成感、周りからの見た目など）は自信が持てても、内側（心の中）には、「諦め」や「失敗感」など今までのマイナス要素が積み重なり、自信や存在価値をなくしていくことが多々あるのです。

「本当にこのままでいいの？」「何か違う気がするけど、どうしたら？」「一人になるとふっと寂しさが襲ってきて泣けてくる。どうしてだろう？」というように……。

そのままこれが続くと、年を取るとともに、不安や迷いはどんどん大きくなっていきます。それがミッドライフクライシスと呼ばれる心の習性です。だからこそ、早めに解決する必要があるのです。

ぜひ、マインドブレイクの法則を活用して、あなたの人生の次なるフェーズを、心の内側の充実とともにいっぱいの笑顔の中で迎えてください。

それを可能にするために必要なのは、まずはあなた自身の、心の壁を打ち破ることなのです。

賢人の言葉

年齢なんか単なる思い込み。
こちらが無視してしまえば、
あちらだって無視してくれる。

（エラ・ウィーラー・ウィルコックス／アメリカの作家）

31 あなたの運を開く、「ビジョン瞑想」の勧め

心の抵抗をなくし、幸運の引き寄せを実現しよう

マインドフルネス、つまり瞑想は、いまや企業の研修やセミナーなどでも積極的に活用されている、自己実現を図るためにとても有用なメソッドです。

特にこんな方に対して、瞑想はとても効果があります。

・まだ会っていない人（お客様、恋人、結婚相手、ビジネスパートナーなど）を引き寄せたい。
・ビジョン、夢の引き寄せを実現したい。
・集中力が欲しい。記憶力を良くしたい。会議前にリラックスしたい。
・部下やパートナー、子どもにすぐイライラしたり切れやすくなることが多い。落ち着

かない。
・物忘れをしたり、まとめようと思っても、うまくまとめられない場面が増えた。
・緊張状態を切り替えられない。気が付いたらリラックスしていない状態が続いている。
・認知症を予防したい。
・運の流れを高めたい。自分を高めたい。自分のネガティブな気持ちや思考を楽に解除したい。

では、瞑想の状態とは、いったいどんな状態なのでしょうか。

それは、「心に抵抗を持たない状態」です。つまりは、入ってくる良質のエネルギーを、そのままの形で、心で受け取ることができる状態を指すのです。この抵抗のない姿が、あなたにとっての「心の壁を取り払った姿」とも言えます。

私は20年以上、多くの方々のビジネスや人生好転のサポートを行ってきたので分かるのですが、問題や悩みは、その人それぞれの、次のステージやステップへの抵抗の状態が形になっているものです。

良いエネルギーを受け取り、良い波動を受信するには、まずはあなた自身がエネルギーを受け取りやすい状態にならなければいけません。

つまり〝抵抗〟や〝反発〟があなたの意識の中に存在すると、せっかく入っていくはずだった良いエネルギーが遮断されて、あなたというエネルギーの「器」に注がれない結果になってしまうのです。

ですから、瞑想することによって、心に抵抗を持たない状態をつくることが重要です。

私が実践する「ビジョン瞑想」は、そうした抵抗のない状態でいる時間を、あなたの心の中につくっていくセッションです。これを定期的に取り入れていくことで、脳内疲労を解除し、気付きや発想、アイディアが湧き出るようになります。その結果、幸運の引き寄せを実現し、ビジネス、ビジョンを加速させることができるのです。

これまで私のビジョン瞑想を受けてくださったクライアントの方々からは、数多くの感想が寄せられています。

「職場の人や友達に、明るくなったね、と言われることが多くなりました。そんなに暗かったのかなぁ～なんて思ったのですが、くよくよ何度も考える習慣性がなくなったと思います」

「パートナーがビジョン瞑想を始め、すごく落ち着いて変わったと感じます」

「地に足が着く感覚を得られています。自分を取り戻したような感じで、安定した感覚を身に付けることができたように思います」

たとえ10分でも、3分でもいいのです。1日の空いた時間の中で、少しだけ瞑想を取り入れてみてはどうでしょうか。

私が実践する「ビジョン瞑想」で、ぜひ効果を実感してみてください。

賢人の言葉

悲しみや不幸や災難にあって、身も心も荒れ果てているときは、何か作業を見つけて、頭も手足も休ませずに一心に打ち込むことだ。

（デール・カーネギー／アメリカの作家、対人スキルの開発者）

出典：『人生を動かす賢者の名言』2018、池田書店

第5章

運を「見える化」しよう

32 経営者の問題解決力につながる「見える化」とは

ポジティブゆえに、過去を振り返るのが苦手

私はこれまで、多くの会社経営者の方の悩みや問題に向き合ってきました。

経営者の場合、悩みとして多いのが、会社を経営していく上で理想と現実のギャップが埋まらないこと。自分はこうしたい、こんなふうに会社を伸ばしていきたい……と考えていても、さまざまな問題が生じるものです。どんなに才能溢れた経営者の方でさえも、です。

多くの経営者は、常に前向きな思考で事業の拡大を考え、流行に敏感でアンテナを張り巡らし、世の中の動向を注視しています。そして、とてもポジティブです。

でも、ポジティブで前向きであるがゆえに、経営者の人は、過去を見ることがあまり得意ではありません。日産のゴーン前会長の事件が印象深いですが、このような「問題」として浮上する段階が、経営者の方には必ずあるのです。

実は悩みの原因や、事業の成長を阻んでいる要因は、経営者ご自身の「過去」に作られた「心の中身」にあります。が、過去を振り返るのは面倒……と思っているために、マインドブレイクのセッションが難しいことが多々あるのです。

でもこの先を成功に導くなら、過去を見ることはとても大切で、ご自身の内面にある原因を認識して「見える化」することが必要なのです。

この先に失敗したり問題が起きたりしないようにするため、過去をひもとき、ご自身の心の壁までたどり着くのが「マインドブレイク」の特徴であることを知ってほしいと思います。そして、ご自身の過去の意識に横たわるマイナスの感情を見つけて、それをプラスに変えていくのが、マインドブレイクのセッションなのです。

自立心が強いタイプの人は、人とつながりづらい?

自立心が強いタイプの人が持つマイナスの特性に、人とつながれない、という部分があります。

簡単に説明すると、仕事上の関係は多くの人とできていきますが、実はそれ以外の人との関係性は、深まることをできるだけ避けるようになってきます。自分の心を開いて、本当に関わろうとはしていないのです。

つまり、人とのつながりのほとんどは仕事によるものになっていて、「本当の人とのつながり」が生まれていきません。仕事のつながりは、フレンドリーな心のつながりとは違うものですから、どこかで無理が生じます。家族との関係性にゆがみが出たり、社員とのコミュニケーションに苦慮するような経営者の方は多くおられます。

問題を上手に解決する力は本来、苦手な過去を見ることによって養われるものです。そうすることで自身の成長を加速させ、大きな変化につながっていくわけです。

なのに経営者の人は、「自分の過去を見る」ことをとかく遠ざけがちなんですね。

結果を出そうとして頭で考え、「何とかしたい」「業績を上げたい」と思って知恵を絞ろうとしますが、なかなか成果につながりません。そして自己啓発のセミナーなどに数多く参加し、自分を変えようと努力をするのですが、ここぞと言うときの明確な成果はなかなか出てきづらくなります。

成功しない理由や要因は何か――。そのことに、試行錯誤を経た後でようやく気付きます。ある程度のことは頭で考えてできたとしても、最後の結果や成果を出すために必要なのは、心から湧き出る「感情」であるということに――。

多くの経営者は、そんな感情に向き合おうとせずに、どうしても頭だけで、理論だけで目の前の課題を解決しようとしがちです。

しかし大事なのは、成長や成功を阻害している「感情」を癒やすこと。つまり、何の感情が自分の邪魔をしているのかを正確に捉え、向き合うことです。何によって、負のエネルギー（感情）が生まれているのか。その正体をきちんと見つけていくための、心の「見える化」が欠かせないのです。

次に、ある方の体験談を紹介してみましょう。

賢人の言葉

リーダーとは、
「希望を配る人」のことである。
（ナポレオン・ボナパルト／
フランスの軍人、フランス第一帝政皇帝）
出典：『人生を動かす賢者の名言』２０１８、池田書店

33 体験談から見る、マインドブレイクの「見える化」

「感情の癒やし」を経験して、人生が変わった！〈塚原仁人さん〉

もう15年ほど前になりますが、家庭が崩壊し、そのつらさから逃れるためにお酒に走り、自暴自棄になっていた時期がありました。

苦しみから逃れるように遊びまわり、経済的にも破綻寸前でした。なんとかこの状態から抜け出したいと思っていたときにある方から勧められた自己啓発本を読みました。

その本には、これまで生きてきたなかで学んだことのないようなことがたくさん書かれており、それから私は自己啓発にのめり込んで行きました。

大好きだった漫画を一切やめ、本棚を自己啓発本で埋め尽くすほど読みあさり、本の著者のセミナーも受講しました。その結果、思考が現実となること、人生は思い通りになることを知りました。

それからの私の生活は激変し、身なりや言葉使い、仕事への取り組み方を変え、性格までもが変わりました。それに伴い収入は増え、社会的に地位のある役職に就き人脈も広がり、人生はかなり好転しました。

しかし、自分の将来のビジョンが明確になり、実現に向けて踏み出そうとしたところで壁に当たりました。思いに行動が伴わないのです。前に進めないまま数年がたち、もう後がないと思っていた矢先に恩多限先生に出会い、これが最後のチャンスと決意し、先生のセッションを受け始めました。

先生からは夢の実現への行動だけではなく、人生のさまざまな場面における相談に乗っていただいています。おかげで夢の実現に向けた行動はもちろん、職場や家族などの人間関係も好転しています。人間関係や顧客との関わりが改善した結果、過去最高の収入を実現することもできました。

世の中に多々ある自己啓発本やセミナーの教えには共通するものが多く、おそらく本質は全て同じだと思います。しかし多くの人が同じ本質を学んでいるにも関わらず、結果が違うのにはアプローチに差があるのだと思います。

恩多限先生のアプローチには、これまで私が学んだことのないものが多く含まれており、中でも「感情の癒やし」というものは体験したことのないものでした。

先生に出会う前の学びのなかで、自分自身に心の壁があり、それが行動する妨げになっていることは分かっていましたが、どうしてもそれを外すことができませんでした。

先生のアプローチの一つであるヒーリングでは、その心の壁がどうやってできたのか、幼少期までさかのぼって原因を探り、それを解消していただけます。特にセミナーでの「感情の癒やし」は驚くような体験で、私自身セミナーを重ねるたびに行動が加速しています。

私と同じように多くを学び、夢の実現のために頑張っているのになかなか前へ進めない方、具体的な方法が分からずに悩んでいる方にはぜひ同じような体験をしていただき、思い通りの人生を歩んでほしいと心から願います。


経営者の方に、これに似た場合があります。うまくやれていないのに、「何とかやれるから大丈夫」などと、今までの自分のやり方や、いろんな方たちの手助けでうまくいっている……という強い思い込みがあります。特に、ポジティブな経営者にありがちです。

うまくいっていないと思いたくはないし、トラブルは回避できると思いたい。ただ結局それは、往々にしてにっちもさっちもいかない段階が必ずやってきます。必ずです。

なかなかうまくいかない……そのときに何をしていくか。どうして、そういう状況になったのか、原因を見ていく必要があるのです。

でも経営者は、過去を振り返ったり、自分の嫌な感情にさわりたがりません。失敗や、うまくやれていない自分を感じるのは劣等感につながります。だから認めたくない……。自分は何とかうまくやれている、と思いたいわけです。

結局その感情が邪魔をしてしまい、結果として失敗と言えるような状況を自らつくってしまうことがあります。

そうではなく、この塚原さんのように、邪魔している感情を癒やし、持ち前の理論や思考と一致させていくことで、大きな成功を手にしてほしいと切に願います。

賢人の言葉

未来を語る前に、今の現実を知らなければならない。
現実からしかスタートできないからである。

（ピーター・ドラッカー／アメリカの経営学者）

出典：『人生を動かす賢者の名言』２０１８、池田書店

34 いつもイライラしている経営者

イライラの下に隠された、感情の正体とは？

いつもイライラしている人があなたの周りにもいませんか？

いつも苦虫をかみつぶしたような顔をして、なにかにつけてイライラの感情を振りまいている社長さん……。

経営者はストレスにさいなまれることの多い立場ですから、いつもイライラしている、という人はきっと少なくはないでしょう。

実は多くの場合、表面的なイライラの下に、怖れや怒りの感情がいくつも隠されています。さらにその下には、思うようにいかない負の感情や失敗することへの恐れ、劣等感や受け入れきれないことへの悲しみなど、いろんな感情が渦巻いています。

それを自分で感じたくないために、イライラという感情の中に全てを納め込んでしまっているわけです。

実際のところ、こうした感情が問題を引き起こしているのです。

とかく出来事が起きてから感情を感じているように思いますが、実際には、感情を抑圧していることで問題が生じ、負の感情を感じるのです。

そして感情が生まれることには理由があり、それは過去の経験によるものであることがほとんどです。

その感情が何から生まれているのかを見つけて癒やすことで、運命は大きく変わります。

それこそ、逆転するくらいの人生の転換さえも実現できるのです。

一流の経営者は、アカウンタビリティを自覚している

マインドにたまる負の感情、つまりマイナスのエネルギーは、普通、生まれてから12歳くらいまでの体験、特に親子やきょうだい間の関係において生じてきます。

一方で、場合によってはお腹の中――受胎時のＤＮＡや、産まれる前の記憶によって影響を受けている場合もあります。

それを癒やす、つまり「完了させる」ことができれば、そうした負の感情が生まれなくなります。その結果、これまで説明したように、「被害者」から脱却して、アカウンタビリティ（生産性の責任）を自覚できるようになります。

つまり、「自分の人生で起こることの全てに対して、自分で責任を持つ」ことが自覚できるようになるのです。

これこそが、本書のテーマとなっている「マインドブレイク」がもたらす効果の一つ。実践することで運命は大きく変わり、思うような人生を送れることになるわけです。

「感謝できる心」の大切さ

一流と言われる経営者は、このアカウンタビリティの考え方を常に自覚しています。そして、自分の心に本当の意味でそれを備えることができれば、ある感情が自然と芽生えるようになることをぜひ知ってください。

それは、「感謝できる心」です。

心の壁を壊し、感情のマイナスエネルギーを消し去ることで、感謝できる心が自然と湧き上がってきます。

普段の仕事や取引、部下とのやりとりなどで生じる、些細なことにも感謝できる人は、自然と周りから慕われていきます。取引先やお客様、同僚や部下に感謝できる人は、おのずと相手からも感謝される存在になり、応援してあげたいという気持ちにさせるのです。

あなたの「ありがとう」が多ければ多いほど、あなたに好意を持つ人は増えていきます。ぜひそのことを忘れないでいただきたいと思います。

賢人の言葉

本当のリーダーは人をリードする必要はない。

ただ道を示してやるだけでよい。


（ヘンリー・ミラー／アメリカの作家）

出典：『人生を動かす賢者の名言』２０１８、池田書店

35 あなたは周りの人たちの幸せをどのくらい願えますか？

「幸せ感」が高まると、「人脈の相」もどんどん変わる

あなたの周りに、「あの人は運が良い」「強運の持ち主だ」と感じる人はいますか？

普段、自分が親しく付き合っている人は重要で、相手の言動や容姿などから受ける影響は、知らず知らずのうちにあなた自身に響いているものです。

あなたが生まれて以来関わってきた、家族や友人、恋人や同僚……それぞれの人との関わり方自体が、実はあなた自身の、運との関わり方なのです。

あなたの自身が、あなたの周りにいる人を、どのように幸せにしてきたか——。

運の「見える化」というのは、自分のことだけでなく、他人の幸せをどれくらい願えるか、ということで明らかになってくるものでもあります。

例えば、脳科学者の中野信子さんのお話の中で、このような内容があります。

まず一つは、「自分は運がいい」と思い込んでいることが大切です。二つ目が、誰よりも自分を大切に扱う、ということ。そして三つ目が、自分の幸せだけでなく、他人の幸せを願うということです。

この中でも、「他人の幸せを願う」ということがとても大事なのです。

というのも、私たちの脳は、他人の幸せを願うことで、βエンドルフィンやドーパミンやオキシトシンなどの脳内快楽物質が多く分泌されることが分かっています。

そのため、目標を現実化するための行動をとりやすくなるわけです。

逆に、他人を不幸にするという自分勝手な思いをしたときには、ストレス物質であるコルチゾールが分泌されることも分かっていて、反対に運を良くする行動をとりにくくなるのです。

あなたは、周囲の友達に普段どんな接し方をしていますか？　それによって、幸運の度合いが分かります。

そして、周りの人に良い影響を与えることで、自分の脳の中に良い物質が出てきて、自身の行動を変えていきます。幸せ感が脳の中に現れ、感情の波動が間違いなく上がるのです。そして自分が幸せな気持ちで居続けると、次から次へと幸せなことを引き寄せてくることができます。そうやって、運の良い自分が創られていくのです。

例えば皆さんはこれまで生きてきて、たくさんの人と出会ってきたと思いますが、友人関係のなかで自然とお付き合いが続いている人と、長く続かずにいつの間にか関係が消滅してしまっている人がいると思います。

それは、自分で意識することなく、図らずもそうなっている……ということが多いのではないでしょうか。

自分の意識が変わってくると、どんなに予定を合わせようと思っても合わなくなったり、なんとなく付き合いが遠のく……ということが増えていきます。それが現象として起こってくるのです。

でも、それでご自身が一人ぼっちになるのではなく、次に新しい出会いが生まれたりします。それは、自分のエネルギーに見合った人との新たな関係のスタートなのです。

自分の幸せ感が上がっていくと、それに見合った人たちとの新しい関係性ができていきます。逆に同じエネルギーで引き合うことができなくなった人とは、いくら仲良しであっても、なぜかタイミングとして会えなくなっていきます。

このことを、「人脈の相が変わる」と言います。

自分の周りにいる同じ波動の人と、新たな運命が築かれていく——。ご自身本来の「幸せ波動」と一致する関係性ですから、お互いに満足のいく運命になるはずです。

だから、あなた本来の「幸せ波動」が、自然と心に増えていくよう、日頃から意識していくことが大切です。それが、あなたの運を高める行動に結び付きます。

人生を幸せにしてくれる強運のもとは、あなた自身の心の中にあるのです。

賢人の言葉

確実に幸福な人となるただひとつの道は
人を愛することだ。
（レフ・トルストイ／ロシアの作家、思想家）

36 人生の転機は見えない、でもサインはある

虹を見たら、「幸運人《こううんじん》、おめでとう！　ツイてる！」と言葉にしよう

あなたの普段の生活のなかで、気を付けてほしいことがあります。

例えば、目の前の交差点で、車とバイクがぶつかる事故を目撃した……。旅行中に、火事や地震に遭ってしまった……。こうした、普段なかなか見ること、聞くことのない場面に前触れなく遭遇することが、まれにあるかもしれません。

そうしたことがあるのは、近い将来、同じようなことが自分の身に起こる……という一つのサインであることを知ってほしいのです。

人は自分の心の中にあるものしか聞こえないし、触れることができません。それは言い換えれば、目の前で起こっている出来事は、もともとあなたの心にあったものが、現象として起きているということでもあります。

例えばあなたが誰かと一緒に映画を観に行ったとしましょう。

目の前のスクリーンで展開される場面のなかで、自分はおかしいと感じて笑ってしまったのに、となりの席の友人を見ると、ハンカチを目に当てて泣いていた……ということはありませんか？「かわいそう」って。

つまり、目の前で起こった現象を目撃したとき、それがどんな感情になって刻まれるかは、自分のマインドによって決められるものなのです。

もっと言えば、同じことを同じように目撃しても、それを心にずっととどめておく人と、印象に残さずに消し去ってしまう人がいます。心に残してしまう人は、自分のマインドに、目撃した事象と同じ傷がもともと刻まれていて、それを呼び起こしてしまったということです。それはやがて、実際の現象となって自分の前に現れることがあるわけです。

だから、自分が非日常の出来事に遭遇してしまったら、ご自身へのサインと認識して、その後の行動に活かすことが大切です。もしもネガティブな出来事であれば、表面化しないうちに何かを変えなくてはならないのです。

自分のマインドから思いや行動が生まれてくることを考えても、目の前で見たり感じたりしたものは、近い将来同じことがあなたに降りかかるサインだと言えるわけです。

もちろんそれは、ネガティブなサインばかりではありません。

例えば、虹や彩雲などを実際に目撃する、ということもそうです。多くの人は、「そんなの偶然に見ただけでしょ」の一言で片付けるかもしれません。でもそうした自然現象でも、見る人と見ない人に分かれてしまいます。

「今日の虹、きれいだったよね。見た?」

「いや、ちょうど会社にいて打ち合わせ中で、見なかった」なんてことは普通にあるでしょう。そこで見る人と見ない人に分かれたり、また見た人の中でも、感じ方は人それぞれで違うのは、全て自身のマインドから出てきているものだからです。

もしあなたが、空に虹や彩雲を見つけたら——。

「あ、虹だ!」や「まあ、キレイ!」でなく、「幸運人《こううんじん》、おめでとう!」と強く感じて言葉にしてください。それで、あなたの心の「幸運の扉」が開きます。

あなたの心の幸せ波動が、幸運の方向に向き始め、ラッキーが続くようになるのです。幸運なことに心が敏感に反応して、それがマインドの中にどんどん刷り込まれていきます。

そんな幸運の前兆、幸せ波動をもたらす兆候には、たくさんのものがあります。

流れ星や四つ葉のクローバーを見つけるのは昔からよく言われていること。レジで表示された金額やおつり、見かけた車のナンバーや、ふと見たデジタル時計の表示などが、333や111などのゾロ目になるのを目にしたら、それはラッキーサイン。自分の誕生日の数字を見かけるのもいい知らせです。

こうしたものに遭遇したとき、必ず「幸運人《こううんじん》、おめでとう！」と強く心に刻み込んでください。刷り込まれていたハッピーやラッキーの感情が敏感に呼応して、日々の行動や思考が無意識に変わっていくようになります。それによって幸運がどんどん加速していきますよ。

賢人の言葉

人生には二通りの生き方しかない。
ひとつは、奇跡など何も起こらないと思って生きること。
もうひとつは、あらゆるものが奇跡だと思って生きること。
（アルバート・アインシュタイン／ドイツ生まれの物理学者）

出典：『人生を動かす賢者の名言』2018、池田書店

37 何のために働いているかが分かれば、運は開ける

「自分のやりたい仕事に就いていますか？」

あなたは何のために働いていますか？

こんなストレートな問いかけに、あなたはどんな答えを思い浮かべますか？

家族のため？　従業員のため？　上司のため？　または社会貢献のため？

中にははっきりと、自分のため！　と言い切ってしまう人もいるかもしれません。

実は自分のために働いていると、目指す収入についても制限が生まれてしまい、どうしても大きな成果にはつながらないのです。

それが自分以外の人やモノに使う意識が芽生えると、そこには制限のブロックがなくなり、大きな成果へとつながることが多くあります。だから、自分以外の何のために働いているかを明確にすることがとても大事なのです。

それは、「天命」という言葉に置き換えることができます。

「天命」についての言葉の定義は、「身に備わって、変えようにも変えられない運命のこと」と記されています。

何のために働いているか。それは、自分自身にとって生まれてきた目的があるからです。

つまり、自分が生まれてきた目的〈天命〉を知ることによって、運を開くということができるのです。

天命は、自分がやりたい仕事とつながっています。

本当にやりたい仕事に就いていなければ、天命は決して見えないものです。

ですから、「あなたは自分のやりたい仕事に就いていますか？」「望んでいた仕事をやれていますか？」という質問は、運を開くための重要な問いかけになります。

自分が引かれていく仕事に就いているかどうか。それが実現できている人は、自分がどれだけ仕事を長時間していても、あまり苦に感じることがないとも言えます。

時には時間を忘れて没頭できる。今より上手になりたい、スキルを伸ばしたい、より高みを追求したい、という思いが自然に出てきますから、周りの状況を考えずにひたすら打ち込める状況を生み出せます。

それは一種のマインドブレイクの状態であり、強運を開くための重要なエクササイズになるものです。

ワクワクしない状態が続くなら、決断した方がいい

では、自分のやりたい仕事は何なのか。言い換えれば、自分の天命は何なのか。それを知ることから始めたいものです。

心の壁を壊し、負の感情を癒やして完了することで、それは得られます。

逆に今、ご自身が、「仕事を楽しいと感じられない」というとき――。

そんなときには、二つの試みがあります。

一つは、仕事の中の「楽しくない」と感じることをやめて、ほかに「楽しいかも？」と思える仕事の中身を見つけ、そのリスト作りをしていきましょう。それによって、心は少しずつワクワクしていきます。

面白くない作業を毎日やっている、やらされていると感じるときには、知らず知らずのうちに脳はストレスをため込んでいます。それに終始せずに、仕事の楽しい面に光を当て

ることで、マインドの質は良いものに変わっていきます。やがて、仕事に対する感情も変容してくるのです。

もう一つは、ワクワクしない状態がずっと続くなら、その仕事自体をきっぱりと辞めることです。もはや転職を考えるタイミングかもしれません。

でもそのとき、新たに就くべき仕事が何なのか、また悩んでしまう人は少なくないかもしれません。そうした思いに至らせてしまうのは、やはりマインドにできている壁ですから、それを癒やすことがまずは重要と言えるでしょう。

賢人の言葉

よりよい成果が得られるのは、
自分がいちばん好きな仕事をしているときだろうね。
だから、人生の目標は、自分が好きなことを選ぶべきなんだ。

（アンドリュー・カーネギー／アメリカの鉄鋼王）

出典：『人生を動かす賢者の名言』２０１８、池田書店

38 お金の流れで運をつかむには、「何にいくら使ったか」を書き出す

自分以外の人にどれだけリターンがあるか？

お金に関する運は、誰しも最も関心の高い事柄と言えるでしょう。

自分のお金に対する運気は、日頃の行動にちょっとの工夫を加えるだけで、少しずつ高めることができます。

まず、今年、あなたが何にいくらのお金を使ったか、できるだけ細かく書き出してみてください。この消費リストを見ることによっても、あなたの運は「見える化」されていきます。

次に、運を「見える化」するために、あなたが使ったお金をコト消費・モノ消費の二つに分類してください。

消費には「コト消費」「モノ消費」という二つの消費の方法があります。コト消費とは、「形のないもの」にお金を使うことです。

例えば、海外旅行に行く、家族と一緒にドライブする、仲間と登山に出かけるなど、行動に関する消費のことです。

一方のモノ消費とは、「形のあるもの」に対して投資することです。

例えば、ブランドもののバッグを買う、高級車を買う、家を建てるなど、残るもの、形のあるものにお金をかけることを意味します。

そして最後に、「自分にリターンがあるか?」「相手にリターンがあるか?」という二つの基準で分けてください。

さてここで、運の法則を説明しますが、運にはルールがあります。

そのルールの一つに、「自分にお金を使うより、相手にお金を使った方が運は良くなる」というものがあります。

例えば、おいしいものを食べるのはコト消費ですが、「自分だけが食べる」より「誰かと一緒に食べる」ほうが運は良くなります。

さらに、相手の食べたい料理をご馳走してあげることで、「相手のおいしい顔を見ること」で自分も幸せになり、どんどん運が良くなっていきます。

私も自分のお金の流れを書き出してみたところ、自分の専門分野であるコーチングやヒーリングの勉強に一番お金を使っていました。

これは、一見自分のために使っているようでも、実は違っています。自分のメソッドをより極めていくことで、ほかの人にどんどん幸せになってほしい、幸運を手にしてほしい、という願いのもとに使っているお金なのです。

お金の使い方も低次のレベルから高次のレベルまでさまざまです。一瞬の快楽にお金を使ってもいいのですが、最も運が良くなるのは、他者のために自分自身を成長させることにお金を使うことです。

「自分にリターンがあるか？」「相手や他者にリターンがあるか？」という二つの基準によるあなたの分類を見た結果はいかがでしょうか――。後者に仕分けした金額の方が多ければ、幸運を引き寄せるお金の使い方をしている証拠と言えます。

私は、自分のスキルが上がることによって、よりたくさんのクライアントが幸せになる、というイメージがあります。自分だけの欲で、人は成長しません。常に「誰かのため」という思いが必要なのです。

そのように、お金は自分のためにため込んでしまうよりも、他者を活かすために積極的に使っていった方が、運気にダイナミズムが生まれます。

お金をまったく使わず、自分の懐にため込こんでしまい、家でじっとしている人には幸運はやって来ません。相手や他者に対するリターンを生み、そのことが自分の利益にも跳ね返ってくる――。そうしたお金の使い方を日々心掛け、行動していくことによって、あなたの運はどんどん好転していくでしょう。

賢人の言葉

私が自分だけのために働いているときには、
自分だけしか私のために働かなかった。
しかし、私が人のために働くようになってからは、
人も私のために働いてくれたのだ。

（ベンジャミン・フランクリン／
アメリカの政治家、アメリカ合衆国建国の父の一人）

出典：『人生を動かす賢者の名言』２０１８、池田書店

39 人生を楽しむためのワクワクリストを作る

10分間でどれだけの「ワクワク」が書けますか？

ここで一つ、ちょっとした問題を出してみましょう。

これから10分間で、あなたが「楽しいと思えること」「ワクワクすること」をできるだけ書き出してみてください。

自分が、楽しい！　うれしい！　好きだ！　と思うこと、何でもいいのです。

好きなアーティストのコンサートに行きたい。新しいパソコンを買いたい。人気の○○のケーキが食べたい……。どんな小さなことでもいいので、自分にとってワクワクすることを次々と書き出してほしいのです。

さて、どうでしょうか――。

その結果、10分で100個の事柄を書き留めることができた方がいれば、立派な幸せ波動の持ち主です。そういう方は、ご自身が「楽しんでいこう」「ワクワクしていこう」と思うことに、なんら制限を持たない人です。

一方、自分の好きなこと、ワクワクすることが10や20個くらいしか書き出せない人……。それは、感情のどこかに抵抗があったり、「私にはできない」というネガティブな思いに捉われてしまっている表れです。

つまり、自分が思うような人生を生きていない……という人は、なかなか100個には到達できません。

逆に10分間にわたって、そんなワクワクを止めどなく書き続けられる人は、強運を創る術を、すでに知らず知らずのうちに備えているのです。

どんな内容のことを書いたかではなく、そうやって制限なく書き記していけること自体が大事で、そういう人は「未完了の感情」がない状態だと言えます。

書きながら詰まってしまい、「ほかに何があるだろうか?」と探したり、「これって本当にできるのかな?」などと考え込んでしまうようだと、自分の人生を生きていないことの表れと言えます。

ワクワクすることを普段から思い浮かべよう

運とは、人がワクワクするときに生まれるエネルギーです。だから、運を良くしようと思ったら、自分がワクワク、ウキウキできることを行ったり、そんな場所に身を置くことがとても大事なのです。

実際にその場所にまだ行けなくても、それを思い浮かべるだけで、ワクワク感は心に染み込んでいってくれます。

だから、ワクワクすることを普段から思い浮かべ、意識して増やしていったり、「楽しいことの100個の書き出し」に毎日トライしながら挙げられる数を増やしていくと、「幸運の引き寄せ」が間違いなくできていきます。

私はある時期、「赤いボルボが欲しい」と強く心で思っていたら、実際に街の中で赤のボルボばかり見るようになりました。「こんなに赤のボルボがあるんだろうか⁉」とびっくりしたことを覚えています。

人は、見たいと強く思っているものがあれば、実際に自分の視界の中に入ってきます。これがマインドの力であり、面白い部分です。

つまり、見たいもの、感じたいことを強く意識することによって、運命体験が決まり、行動は間違いなく影響を受けます。

見たいと思っていたものが、毎日の生活の中で見えてくる。つまり、自分にとって確かな形になっていく。これがあなたにとって大きいのです。

自分にとっての「ワクワク」を毎日のように心に刻んでいくことで、実現への扉が開かれていきます。そうやって、「ワクワク」を毎日思い重ねて、ご自身の運命をぜひ変えてください。

賢人の言葉

ときに何もかも忘れて夢を見ることは、
子供よりも大人に必要だ。

（塩野七生／作家）

出典：『人生を動かす賢者の名言』2018、池田書店

第6章
20歳を過ぎたら依存から自立へ

40 結婚しても家に帰りたいという母子執着の心理

新しいステージに踏み出せないのはなぜ?

誰でも結婚すると、実家を出て自分たちの家庭をつくるのが普通でしょう。けれども中には、結婚して家を出た後も、以前自分が居た場所に帰りたい……と執拗に考えてしまう人もいます。

結婚や就職など人生の転機を迎えた際に意外と多い、人生の次のステップに行けない人たち。新しいステージへの一歩を踏み出せない原因となるものに、心理学で言うところの「癒着」があります。

ここでは特に、「癒着」が原因で、結婚やパートナーシップに進めないケースを取り上げていきます。

ここでの癒着は、母親という存在に執着してしまい、自立心が妨げられる「母子癒着」のパターンがほとんどなのですが、母親と一緒に暮らしている方だけでなく、独身で一人暮らしをしている方に見受けられることも少なくありません。

癒着関係があるときには、感情のすき間にほかの人が入り込めるスペースがなくなっていますので、表面的にご本人は結婚を望んでいたとしても、相手が見つからないことが多いのです。

結婚を考えている方や、実際に婚活中の方で、なかなか相手が見つからないときには、癒着、つまり「潜在的癒着」が起きているのかもしれない……と自分を振り返る機会を持つことも大切と言えます。

また、「癒着」をそのままにして結婚した場合、結婚後に多くの悩みや問題を抱えてしまうことも多くあります。

ご本人が女性だと、ご主人が結婚後仕事をしなくなったり、職をなくしてしまったり、お金の問題が生じる、子どもが病気がちになるケースなどさまざまです。

潜在的癒着が起きていると、パートナーが寂しい思いをすることも多いですから、ケン力が増えたり、相手の行動が過剰に気になることも多く、本当の絆を育てるのが難しくなります。結果として夫婦間やパートナーとの間が息苦しい関係になりがちなのです。

せっかく結ばれた二人ですから、結婚後もすてきな関係を保ちたいものです。そうしなければ、次には子どもが夫婦の間を埋める役割を担うという、不幸な状況に陥ってしまう恐れがあります。あなたから自分を変える方法を取り入れてみて、大切な子どもにこの「癒着」を引き継がせないでほしいと思うのです。

母親からの卒業が、人生を変えるきっかけになる

仮に母子癒着があっても、大切なことや大切な人に気持ちが向いていけば、母親と衝突するケースが出てきます。つまり、お母さんとの対立が生まれるのです。

癒着から抜けて、自分が選んだ道に進むときには衝突や対立は起きるのですが、これは自分の人生に進んでいく「お母さんからの卒業」ですから、一つのプロセスと捉えていいものです。

このとき、癒着が強ければ強いだけ、お母さんから離れていく罪悪感はすごいものです。

見捨てるような嫌な気分になることもありますが、あえて次のステップへと踏み出すことが何よりも必要です。
あなたが本当の人生を生き、本当の自分を感じていくためには、「癒着」から抜け出すしか道はありません。周りや他者を変えるのではなく、自分自身が変われば、周りも変わります。自分を変えることが、自らの人生や運命を変える方法であることをぜひ知ってください。こうした心の活用によって、あなた本来の「幸せ」や「成功」を体感してほしいと思います。

賢人の言葉

家がまずしくても、体が不自由でも、決して失望してはいけない。
人の一生の幸も災いも、自分から作るもの。
周りの人間も、周りの状況も、
自分から作り出した影と知るべきである。

（野口英世／細菌学者）

出典：『人生を動かす賢者の名言』2018、池田書店

41 特別な努力を積み重ねなくても、ビジネスは成功できる

無理をしてモチベーションを上げる必要はない

仕事やビジネスにおけるコーチングセラピーのメリットには、主に次のようなものがあります。

・視点が変わり、今まで苦手と思っていた人や物事への対処がスムーズになる。さらにうまくいくと、問題の人だとまったく感じなくなる。
・感謝する気持ちが増し、人や会社へ貢献する姿勢が向上することで、自分が輝く。
・無理をしてモチベーションを上げるのではなく、自然とモチベーションが上がる。
・ミッションやビジョンが明確になり、望みがかないやすく、具体的に行動することができるようになる。
・視点が変わるため、問題だと捉えていたことが問題でなくなり、次のステップに進める。

・感情のブロックが外れ、人生のストーリーが変わる。
・家庭や職場の人間関係に共感していくことができるようになる。
・ストレスの原因を突き止め、私のメソッドで解消するだけでなく、自分の本当の望みに気付くことができる。
・人間関係（家族・職場・友人間）が全般的に良くなることで人生全般が好転する。
・通常のコーチングとは違って心の深い部分を無意識レベルから扱い癒やすことができ、結果が違ってくる。
・課題解決までがスピーディーで、解決だけではなく、才能や能力を伸ばすことができる。自分が変わったと実感できる。

コーチングセラピーを受け、ビジネスと自分との関係が分かることにより、ビジネスや人間関係を決めている、自分の心のパターンが改善できてくるのです。

また、感覚やマインドが変わって仕事に対するネガティブな気持ちがなくなりますから、どうしてもできないと思っていた仕事が、スムーズに処理できるようになるのです。

長年、大企業で重要なポストに就いてきたような方も、コーチングセラピーによって自身の課題を解決し、今の会社にいる意味を確認できます。会社への忠誠心や就職した時の思いを思い出し、今まで以上の貢献を決意される方もいます。

つまり、無理をしてモチベーションを上げるのではなく、セラピーを受けることで仕事やビジネスへの気持ちが自然と高まるわけです。

「今まで自己啓発のセミナーやプログラムを受講していたものの、自分の感情が追い付いてこなくなり、心療内科にも通うくらいになりました。しかし、コーチングセラピーを何回か続けるうちに、自分の感情に気付き、ネガティブな感情もポジティブな感情も持っていいのだとあらためて気付き、次第に自然体になっていきました」

これはあるクライアントの方からの感想です。

仕事も手に付かないほどだった状況から、今では新しい目標もでき、とても意欲的に仕事に取り組むことができているという報告をいただいています。

コーチングセラピーは、通常のコーチングとは異なり、マインドにある「心の壁」を癒やすことから、結果が違ってくるものです。

多くのビジネスマンや経営者の方は、何かの特別な努力を積み重ねたわけでもなく、特に頑張ったという感覚はないのですが、不思議と仕事が順調に進み、業績アップに結び付いています。

コーチングセラピーを受け続けていくうちに、会社に対して貢献したいという思いが強くなり、社内での新規事業立ち上げを任されるようになった人もいます。

新しい分野を一から切り開く、それができる自信がなくても、やり遂げるまでのパワーを自然と持てるようになるのが、コーチングセラピーのメソッドなのです。

賢人の言葉

失われうるものを富と呼んではならない。
徳こそ本当のわれわれの財産で、
それを所有する人の本当の褒美なのである。
（レオナルド・ダ・ヴィンチ／イタリア・ルネサンス期の芸術家）

42 運命の逆転に成功した人の体験談①

それまでの苦悩がうそだったように、不思議と人生が思うように進んでいます！〈中山真子さん〉

パーパスアイにお世話になり、10年くらいになると思います。当時の状況とは大きく変わりました。何が変わったのか。まずはパートナーとの関係です。

以前は、毎日が夫婦での競争の日々でした。どちらが先に謝るか。どちらが先にありがとうというか。話し合いをしても、しまいにはいつもけんかです。夫は小さい子ども3人の面倒もほとんど見ず、ひとりで子育てしていたような気がします。

ビジネスも一緒にしていたので、話すことといったら仕事の頼み事くらい。信頼もできず、このままではいつか別れるときがくるだろうな……とどこかで思いながら過ごしていました。絆がないってこんな寂しい感じなのだと思います。

今は、仕事で忙しく何日かまともに話せない日があっても、安心できる、信頼できる、これが絆なんだなという心のつながりを感じられます。

コーチングセラピーによって、パートナーとの関係を改善してもらうごとに、不思議と経営している会社の業績までアップしてきました。仕事量は変わらないのに、利益がすごくいい仕事が舞い込んで来たりもしました。このとき思ったのは、仕事とパートナーとの関係は比例しているのだということでした。

パートナーシップについて意識して取り組んでいくうちに、もう一つ会社を立ち上げるご縁もいただきました。

自社の土地、社屋も持ち、社員も増えて、世間が不景気と言われているときも業績はアップし続けていました。もちろん今も、です。

子どもたちも、自分たちがそれぞれ思い描いている道へと歩んでいます。

私の人生の転換は、このヒーリングで夫との関係改善にずっと取り組んできたことで得られました。

夫婦関係が良くなるたびに仕事と収入がどんどん増えていったこと。子どもが自分の道を見つけ、生き生きしていること。社員も笑顔でいてくれていること。そして、私自身も長年の夢だったお店を持て、いろいろなメディアから取材していただきました。それまでの苦悩がうそだったかのように、不思議と人生が思うように進んでいます。

恩多限先生にお世話になっていなかったら、きっと今頃はシングルマザーで過ごしていたと思います（笑）。


〔解説〕被害者でなく、「人生の責任者」になることが重要です

中山さんは、以前のパートナーとの関係を、「競争の日々でした」とおっしゃっていました。ご主人も経営者であり、ご自身も経営者として、パートナーとして自己実現を図りたいという意識の持ち主です。二人とも力を持っていて、しっかりとお互いの意見があるため、パワーストラグル（主導権争い）が絶えなかったのです。

例えば、ご主人の言う通りにしておけばいいと考える奥様の場合は、こうした状況として表立って現れません。離れているとけんかも、競争もしなくてよくなりますから、関係性はそのままです。

中山さんの場合、コーチングセラピーによって、問題解決にきちんと向き合うようにしていったことで、劇的に関係が改善されていきました。

パートナーとの関係性を良くしようと思えば、相手ではなく、自分自身をどう扱っているかを見ていくことも重要です。被害者でなく、自ら「人生の責任者」になることで、関係性はフラットになります。やがて、与えたものが自分に返ってくるようになり、報われる人生になるわけです。

中山さんのケースでは、そのことがご自身の会社の業績にも結び付いていきました。今では自社ビルも建ち、売り上げが10倍になるなど大きな飛躍を遂げておられます。奥様はもとより、ご主人も生き生きと輝いておられ、テレビ取材も受けられています。ご主人やお子様の才能が開花した点でも、マインドの変革は大きな効果があったと言えます。

賢人の言葉

自分らしく生きられるようになったこと、
自分と他人の欠点を受け入れられるようになったことが
最大の勝利です。

（オードリー・ヘプバーン／イギリスの女優、社会活動家）

出典：『人生を動かす賢者の名言』2018、池田書店

43 運命の逆転に成功した人の体験談②

今の心理的な問題を解決するだけで、人生の結果が大きく変わります〈中村恵子さん（仮名）〉

最初に恩多限先生にお世話になり始めたきっかけは、結婚当初からの主人の浮気に悩み、離婚して一人で子どもたちを育てていこうと思うようになったからです。自分の自立と成功のためにはどうすればいいかと考えて、相談に行きました。

当時、主人は会社から独立して3、4年がたったころ。主人も会社のこれからについて悩んでいたのだと思います。そのときは家へ帰ってくることも少なく、私は小学生と幼児の子育てをしながら、主人の会社の経理の仕事を手伝っていました。

先生に何度も相談し、そのたびに軌道修正し、心理的に自分がどのような意識にあるかを知っていくことで、不思議と主人の態度が少しずつ変わっていったのです。

私がヒーリングを受けることで、パートナーまで変わっていくとは驚きです。浮気の兆候もなくなり、パートナーシップの問題が解決していくとともに、会社の売り上げや利益、収入が次第に上がっていきました。

「浮気」という現象にも、隠れた心理的原因があり、その解消に取り組むことで、現象面もなくなっていきます。今見えているものに惑わされ、心が傷ついたことで、間違った結果を出してしまうのではなく、その先を見ることが大切です。今の心理的な問題を解決するだけで、人生の結果が大きく変わることをたくさんの人に知ってもらいたいです。

〈解説〉相手を変えるには、まずは自分が関係性を見つめ直すこと

大事なのは、自分の意識や行動が変わることで、相手の態度や思考が変容していくことをしっかりと認識することです。

中村さんの場合も、ヒーリングを受けていくことで、少しずつご主人の態度が変わっていったことがポイントとして挙げられます。つまり、相手の気持ちや行動を変えるために重要なのは、まずは自分が関係性を見つめ直すこと。自分の意識や行動が変わることで、相手の態度や思考が変容していくことを知ってほしいと思います。

中村さんの場合も、成功の要因はパートナーの性格や考え方が変わったことのように見えるかもしれませんが、実は「自分が変わった」ことによってなされたものである点が重要です。ご自身が変わったことで、それまで見えなかった相手の良さが見えるようになったのです。

そうなると、日々の生活のなかでご自身が「報われる」ことが目に見えて表れ始め、自分の運命の好転の扉が開いていきます。

相手が変わったのではなく、自分自身のマインドが変わったことの表れ。そのことをしっかりと肝に銘じてほしいと思います。

幸せになれないのは、自分の「被害者意識」のせい

パートナーとの関係性に悩んで、私のところに相談に来る方は多くおられます。

相手の浮気や不倫が原因で、結婚生活がうまくいかない、幸せになれない……という方は少なくありません。

もちろん、不倫や浮気をするパートナーが悪いのは言うまでもありません。まさに女性、

または男性の敵でしょう。でも、幸せでない理由の下には、実はご自身の「被害者意識」が隠れていて、人によってはそれが人生のストーリーになっています。

人は問題や課題に出会ったとき、自動的に被害者の立場を取りがちです。ある出来事が原因で、一生不幸でいることさえできます。

被害者意識から抜け、幸せを増やすには、常に「自己責任」での視点で見ることが大事なポイントになります。

被害者の立場に立っている場合は、相手次第、周り次第になるので、答えは生まれてこないもの。そんなときは、あえて、でも構いません。自己責任という視点に立った心の状態で見ることで初めて、状況が改善できることを知っていただきたいと思います。

賢人の言葉

「垣根」は相手が作っているのではなく、自分が作っている。

（アリストテレス／古代ギリシアの哲学者）

出典：『人生を動かす賢者の名言』2018、池田書店

第7章

遺伝子レベルで運が良くなる

44 「出会い」は偶然ではなく、DNAレベルで選んでいた？

「無意識の心」に宿る、あなたの知らない記憶

これまで本書では、心には「顕在意識」「潜在意識」「無意識」の三つがあり、普段私たちが自覚している感情や思考の顕在意識は、全体の4％程度しかない……という話をしてきました。

つまり、残りの96％を占める潜在意識と無意識をどううまく活用するかで、あなたの運命は変えられるということをお話ししてきました。

その中でも、特に潜在意識についての説明を重ねてきましたが、ここでは「無意識の心」についても少し触れておきたいと思います。

本書を読んでくださっているなかでも、この「無意識」について、ピンとこないという

方はおられるかもしれません。ややもすれば、非科学的でスピリチュアルな領域と捉えられ、聞くだけで眉をしかめてしまう方がおられるかも……ですね（残念ながら）。

ただ近年では、量子力学の原理が解明されはじめ、この無意識と言われる心の領域も、科学的な解明がなされる努力が重ねられています。

では、この無意識の心とはどういうものなのか。ここであらためて説明してみましょう。

無限の力を秘めている、三つ目の心

無意識とは、普段から抑圧されていて、意識しようとしても意識できない心の領域です。この場所には、忘れてしまいたい記憶や感情などが押し込まれていて、意識しようとしても思い出せることはまずありません。

無意識の心は、例えば「過去生」など、自分が生まれる前の魂や、先祖のパターンが影響して出来上がっているものです。いわば外側からの情報や、知識などの刺激には左右されない場所です。

自分では普段まったく意識できないものでありながら、三つ目の心の領域として、無限の力を秘めているものとも言えるのです。

初対面の二人が、自然と引かれ合う不思議

最近、「遺伝子レベル」や「ＤＮＡレベル」という言葉を耳にしたことはありませんか？

以前に放映されたフジテレビの「月９」のドラマ『恋仲』の中で、「どうしようもなく引かれ合う男女は、遺伝子レベルで決まっている」という印象深いセリフもありました。

異性と出会ったとき、初対面でお互いのことをあまり知らないと、相手のことを気遣ってしまい、会話はなかなか盛り上がらないのが普通です。ところが、なぜか相手によっては、出会ってすぐなのに、「不思議とスムーズに会話できる」という感覚を持てることがあります。

これは、本人同士の意志やマインドとは無関係の部分で、なぜか分からないけれども、お互いが無意識に引かれ合う……という状態を表しているものです。それを、「遺伝子レベル」「ＤＮＡレベル」という言葉で表現しているのです。

つまり、自分が認識しない領域であり、例えば先祖や前世と言われるようなときから、

「赤い糸」で結ばれていた二人……ちょっとロマンチックな表現ですが、でも実際に間違いではありません。

自分が生まれる前の段階から、すでに遺伝子やDNAのレベルで運命が決まっている……。それが「無意識の心」から出てくるエネルギーであり、その心がなせる業なのです。

賢人の言葉

人間は自分の一生は自分自身が導いていくのだと考えている。
しかし、心の奥底には、運命の導くままに、
これに抗いえないものを持っている。

（ゲーテ／ドイツの詩人、劇作家）

出典：『人生を動かす賢者の名言』2018、池田書店

45 無意識の心に眠る、無限のエネルギーを活用しよう

先祖から続く運命の系譜は、決して無視できない

「無意識の心」について話す上で、ちょっと興味深い、ある研究があります。米国・カリフォルニア大学のある教授の研究結果について、ここで紹介してみましょう。

友人は４番目の従兄弟とほぼ同じＤＮＡ構造を持つ

遺伝子医学および政治学を専門にするカリフォルニア大学のジェームズ・ファウラー教授と、社会学の専門家であるエール大学のニコラス・クリスタキス教授は、マサチューセッツ州の小さな町にあるフラミンガム研究所が１９４８年より集めてきたデータを解析し、友人と呼ばれる関係で結ばれた人々は驚くほどＤＮＡ構造が似ていることを発見した。

ファウラー教授はＢＢＣのインタビューに対し、「彼らは狭いコミュニティで形成され

たがゆえに友人と捉えているが、それらは意識下において遺伝子構造が深く関係しているのです」と語った。（中略）

彼らは小さな町からランダムに選んだ２０００人の遺伝子データから、１４００組の友人関係を見つけ、実際にそれが確認された。全米科学アカデミーの機関誌に発表された調査結果によれば、「友人とは見知らぬ他人と比べて、約０・１パーセント以上多くのＤＮＡを共有している」というのだ。これは、４番目の従兄弟とほぼ同じＤＮＡ構造を持つことを意味している。ファウラー教授は、「我々は表面的に自分と似た人と友人関係を形成しているのでなく、実際には無意識的に、深い遺伝子レベルで関係を形成しているのです」と述べている。

出典：『出会いは偶然ではなく、ＤＮＡレベルで選んでいた！』ＭＳＮ

普段、自分の周りにいる友人は、共通の趣味や思考があったり、たまたま学校や職場が同じで、仲良くなったものであるのが一般的でしょう。

それは偶然の出会いだと思われがちですが、実は「遺伝子レベルのつながり」であったという新しい研究結果が発表されたのです。

「無意識的に、深い遺伝子レベルで関係を形成している」――。つまり、自分が生まれる前の先祖の関係性が、自分がこの世に出てきた後にもしっかり影響しているということです。

例えば、米国の富豪として有名なヒルトン姉妹。彼女たちは、すでに家系的にお金について裕福な系譜があって、きっと自分たちがまったく意識しなくても、お金を受け入れる準備ができています。

お金を持つことに罪悪感がなく、持って当たり前という意識で、お金があることになんの抵抗や居心地の悪さもないでしょう。自然体で全てのことを肯定でき、気負いなく自身の運命に沿った生き方をしていると思われます。

家系的にずっと裕福な家で育った人には、遺伝子レベルでそうした意識や思考がすでに身に付いていると言えます。だから、本人が意図しないでも、お金が自然と自分のもとにしっかりと定着しているわけです。

歴史は繰り返すと言われますが、家系の歴史には、はっきりとした繰り返しのパターンが表れてきます。つまり、先祖代々から今に続く運命の系譜は、決して無視できない、先祖から受け継がれてきた心のエネルギーの表れということです。

その意味では、あなたご自身のおじいさんやおばあさん以前の家系や、その人たちがどんな人であったか。そこに思いを巡らせてみるのも、実は大切と言えるのではないでしょうか。

それを知ることが、自分自身の無意識の心に眠る、無限のエネルギーの質が何であるかを理解することにつながります。あなたの運命を劇的に変える、一つのきっかけになるかもしれません。

賢人の言葉

己自身と闘うことこそもっとも困難な闘いであり、
己自身に打ち克つことこそもっともすばらしい勝利である。

（ローガウ／ドイツの詩人）

出典：『人生を動かす賢者の名言』２０１８、池田書店

46 「先祖代々のパターン」から抜け出すために、どうしたらいいか

自覚できない負のエネルギーを完了させることが大事

家系から伝わってきた問題、先祖代々の問題があなたの人生に影響しているということは、それがネガティブなものであるならなおさら、なかなか受け入れ難いものだと思います。

けれども、人生を変える方法をずっと皆さまに提供してきたなかで、無視できない根本のルーツとは、やはり家系、先祖から伝わってきた心のエネルギーであることが多いのです。

痛みを伴う先祖代々のパターンは、家系のどこかにトラウマがあり、そこから始まっていることが少なくありません。それは、金銭や病気、事故や天災など、なんらかの被害に遭うといった形をとります。

それをあなた自身が無意識の心で受け継いでしまっている以上、それを解消しない限り、次の世代の子どもにもなんらかの形で引き継がれてしまうのです。

だからこそ、あなたや、あなたの大切な人の人生発展を考えるとき、どうしてもこの「心の領域」を取り扱わなくてはなりません。

あなたの自己実現や願望成就の妨げになっている心の壁は、実は無意識の心にある、先祖以来のパターンかもしれないからです。まさに、家系のなかで受け継がれてきた、未完了の負のエネルギーが再現されている可能性があります。

それによってあなたの今の運命システムが出来上がっていて、それを人生で体験している……ということが言えるかもしれないわけです。

私が開催するセミナーで、参加いただいた皆さんに、家系と参加者の現在の人生がどうつながっているかをご説明するのですが、全員が驚かれます。

それほど、話を聞いてみて影響を実感する方が多くおられますし、ご自身は先祖のパターンがどのようなものだったかなど知る由もなかったから、余計に驚かれるのです。

傷心として無意識の心に刻まれている出来事は、先祖代々のトラウマ、障害、問題から引き継がれていて、３世代の間で起こったことが最も影響が強いと言われています。

無意識の心は、運命の方向性に少なくない影響を与えていきます。

まさに人生を大きく変化させる可能性があるのが、家系に基づいた無意識の心ですが、もしもそこにネガティブな要素が植え付けられているのなら、私のセッションで改善することができます。いわゆる因縁や因果を心理メソッドで変えられるという強みが特徴で、同時にそれが人気となっています。


その方法の一つに、チャネリングというものがあります。これは、潜在意識および無意識を読み取る技術の一つで、ただカウンセリングとして傾聴するだけでなく、意図的にその人の心の壁の原因となっているものを引き出すスキルです。

ご自身の心の中のマインドとつながり、さらにその底に隠された真実の答えを受け取っていく方法になります。

皆さんのマインド・無意識の奥深くに存在するハイヤーマインド（高次の意識・ハイヤーセルフなどとも呼びます）とコンタクトを取ることで、答えを直接受け取る技法なのです。

実際、チャネリングによって、ビジネスを円滑に進行でき、大きな契約につながった方や、ご自分が考えていた通りの転職を果たした人、また一見いい話に見えた投資を取りやめて、大切なお金を失わずに済んだ経営者の方もおられます。

無意識の心にある負のエネルギーをチャネリングによって癒やし、運命を大きく変えることを成し遂げているのです。

子どもの気持ちや相手の本当の気持ちを知ることができるこのチャネリングの技法は、一定の勉強さえすれば、どなたでもスキルを習得することができるものです。興味のある方は、私のところまでご連絡いただければ幸いです。

賢人の言葉

人間は、すべての可能性を自分の内に備えている。

（レフ・トルストイ／ロシアの作家、思想家）

出典：『人生を動かす賢者の名言』２０１８、池田書店

第8章

見方を変えれば失敗も成功になる

47 ハートのエースが出続けるまでカードを引く

失敗は成功のための必然のプロセス

人生はよく登山に例えられますが、山は頂上に近づけば近づくほど険しくなります。

富士山に登ったことのある方はご存じだと思いますが、富士山は1合目から5合目までは樹海の中にあり、5合目から8合目までが山道を登り、9合目からはいったん転げ落ちたら命が助からないという、そそりたった急斜面を登っていくのです。

富士山に登る人は自分が9合目にいることも、もうすぐ頂上だということも分かっているので、そこで引き返す人はほとんどいません。

ところが、「人生の登山」は自分がどこにいるかも分からず、いつ頂上に到着するかも分からないため、多くの人たちが9合目で夢をあきらめてしまいます。

実は、人生で一番困難な事態に直面しているとき、悩んでいるとき、落ち込んでいるとき、人に裏切られたとき、病気やケガをしたとき、愛する人の死に遭遇したとき……もしかしたらそれが、あなたの9合目かもしれません。

そこを乗り越えたときに、あなたは頂上に立つことができ、足元に広がる素晴らしい景色を一望することができるのです。

つまり、**失敗は成功のタイムラインの中にありますが、失敗と見なしてしまうと、それは失敗として終わってしまいます。**

私は、失敗ばかりしてしまうクライアントに対し、次のように述べています。

「ハートのエースが出るまで、カードを引き続けてください。53枚のトランプの中には絶対にハートのエースがあります」

つまり、チャレンジし続けていけば、必ず成功の女神のカードを引き当てることができるのです。

失敗は成功のための必然のプロセスだと捉えれば、必ずハートのエースは出てきます。

これはもう、必ず出てくるのです。

運命の踊り場は、チャンス到来の局面

あなたの運命が上がろうとしている過程で、ちょうど「踊り場」に出るときがあります。これを専門用語でプラトーといいますが、このとき私たちは、とかく慌てふためいて、なんとかしようとしてしまいがちです。「～しなくちゃいけない」ともがくのですが、なかなかうまくはいきません。結局それまでと同様に、失敗がどんどん積み重なってしまうだけなのです。

でも実は、その「踊り場」はとても重要な意味を持つ、運命の転換期です。つまりプラトーとは、次の成功に向けての準備をする場であるわけです。そこでは次のステップのために、慎重に思考を巡らせ、じっくりと腰を据えて準備をすることが大切です。

スポーツ選手であれば、来るべきチャンスに備えて、十分な体力を養っていく時期と言えます。また経営者なら、次のビジネスに向けて必要なアイディアの整理や、企画の練り直しを十分に行っていくことが重要なのです。

経営者にとっての踊り場とは、今まで伸びていた事業やビジネスがいったん頭打ちにな

時期のことです。右肩上がりだったものが、横ばいになってしまうフェーズとは言え、そこでどう動くかが大事であることを、ぜひ経営者の方々は知っていただきたいと思います。

その後、再び右肩上がりの曲線になるか、一方で失敗続きになってしまい、下降曲線を描いてしまうか——。そこでどう行動するかは、とても大切です。もちろん、スポーツ選手や経営者でなくても、「運命の踊り場」は全ての方に通じる、幸運への転換期なのです。

マインドブレイクの法則で、あなたの停滞の原因となっている心の壁を打ち壊し、果てしない上昇カーブを描いてほしいと思います。

賢人の言葉

登山の喜びは、山頂に達したときに頂点となる。
しかし、私にとって、いちばんの楽しみは
険しい山脈をよじ登っているときである。
険しければ険しいほど、心臓は高鳴り、勇気は鼓舞される。

（フリードリヒ・ニーチェ／ドイツの哲学者）

出典：『人生を動かす賢者の名言』2018、池田書店

48 誰でもいつでも、運命は必ず逆転できる！

一人のメンターのカウンセリングで、運命の逆転を体験

運命は、自分自身の手で必ず変えることができることを、私は本書を通して一人でも多くの人に知ってほしいと思っています。

そのためにできることは、たくさんあります。ご自身でマインドの変容を図ることはもちろん、そのための具体的なアプローチ方法として、コーチングセラピーという独自のメソッドがあることもこれまで随所で触れてきました。

では、なぜ私が、コーチングセラピーという新しいコーチングメソッドをつくり上げたかを、ここであらためて説明します。

コーチングとの出会いは『成功は心の中　愛からの贈り物』という一冊の本です。この

本に出会ってから私は心理学の勉強を始め、海外にも勉強に行きました。

30歳のときにショットバーを経営しながら、自分の中で成功法則を模索していました。

その時、私が師事していた心理セラピーの先生のカウンセリングによって、いきなりコンテストで優勝してしまったのです。


高校卒業後、何をしても運が悪く、成功とはほど遠い人生を送っていた私が、運命の逆転を経験したのです。このとき、私が悟ったのは、「無駄な努力は不要だった」ということです。それまで苦労の連続でしたが、苦労は何の意味もなかったのです。


たった一人のメンターの一言によって、運命の逆転を体験した私は、今度は自分が運命の逆転ができる提案者になろうと本格的に心理学を学び始め、10年かけてマインドブレイクの手法を法則化しました。

それからさらに10年、43歳のときに、コーチングに心理療法のセラピーを加えた「コーチングセラピー」を正式に立ち上げたのです。

さらに、これを日本中に広めるために、２０１０年5月1日、『ＩＣＡ国際コーチング・

セラピスト協会』を立ち上げ、現在はマインドブレイクのメソッドを活用し、全国の方々へ好転セッションを行い、コミュニティで進めるセミナーを開いています。

私の「マインドブレイク・ヒーリングセミナー」の特徴は、クライアントの潜在意識、無意識の心にある、心のブレーキや心の壁を解除すること。

さらに、まだ開花していない才能を開いて、あなたの人生が発展するよう、運命を変えていくセミナーです。

私のオフィスの立地は、中央から離れた長崎という場所ですが、全国からたくさんのクライアントが口コミでやって来てくれています。ほとんど宣伝もなしに、今も多くのお客様が集まる秘密は、このセミナーによって多くの方の自己実現や願望成就が果たせているからにほかなりません。

悩みや何かの問題、停滞の原因は全て、潜在意識および無意識の心にあるエネルギー、つまり感情やエネルギーのなせる業であると言って過言ではありません。

人間は誰でも、ある感情を感じるために行動をしていますが、私のコーチングセラピーは、感情をメンテナンスすることで繰り返し表れる結果、そして結果に結び付くパターンを、根本から変容できていきます。

そしてコーチングセラピーの技術は、キャリア、ビジネス、ビジョン、目標達成と人間関係のバランスが取れる仕組みになっていて、個人個人の人生の目標のみならず、スピリットまで引き出していくことを目的としています。

ですから、クライアント一人ひとりのミッション（理念や使命）と一致させることができ、それによって永続的な強運を創ります。これが、従来の自己実現セミナーや願望成就のセッションと大きく異なるゆえんなのです。

賢人の言葉

熱望することはこの上もなく容易なのに、
志すことはなぜ、そんなに難しいのか。
熱望する際に必要なのは弱さであり、
志す際に必要なのは強さだからである。

（リントネル／オーストリアの教育学者）

出典：『人生を動かす賢者の名言』2018、池田書店

49 火事の大ピンチからの「奇跡の逆転」

マインドの反映が、運命を劇的に変えた！

30歳のときから経営していたショットバーで、とても印象的な出来事がありました。経営していた店舗の入るビルが、大きな火事に遭ってしまったのです。全国ネットで報道されたくらいの大規模なものでした。

その火事は鎮火するまで、数時間燃え続けていました。その間に私は消防の取り調べを受けたのですが、そこで今の原型となるセラピーを使って、この火事の原因となるものは一体何だったのかを自身に問いただしたのです。

その結果、原因はすぐに分かりました（詳しい内容は差し控えます）。火が燃えている最中に、自分へのセッションで原因を認識できた私は、朝になって現場に向かったのです。

そして現場にいた消防士に、「火事の原因は分かりましたか?」とあえて尋ねました。消防士の答えは、「いえ、分かりません。まだ現場検証の最中なので」という一言。私は「原因が分かるまで、どのくらいかかりますか?」とさらに尋ねました。答えは、「おそらく1週間から10日くらいでしょうか」というもの。加えて、「もしかしたら原因が特定できない、分からないままの可能性もある」ということを聞いたのです。

私は、がくぜんとしました。そのビルは2階建ての建物でしたが、そこに入っているのは私のお店のほかにはありませんでした。ですから、「出火の原因は私の店舗であるらしい」という話が、全国のニュースでもすでに流れてしまっていたのです。

原因究明までそんなに時間がかかるようでは、ニュースで流れた話のままで、世間の人は信じ込んでしまう……そんな懸念が私の脳裏を占めていました。

すると、その数時間後です。消防の担当から連絡が入って、「出火の原因は、お宅のお店ではありませんでした」という説明があったのです。1週間や10日などかかることなく、数時間後に、私の店は火事の出火とはまったく関係がない、ということが判明したわけです。

そして、現場を見てほしいという話があり、隣のビルに上って、出火したビルの中の、私の店舗を見てみました。

すると、驚いたことに店内の火元となりそうな場所が燃えた様子はなく、ほぼ無傷のきれいなままで残っていました。火の原因となるようなものは見当たらず、キッチンなど疑わしい場所はそのままの状態でそっくり残っていたのです。

周りの部屋はほとんど焼失してしまうような大きな火事だったのですが、私の店舗の中で、むしろ火が出そうな場所だけが、そっくり燃えずに残っていたのです。それを見た消防士は、ずいぶんと驚いたということでした。

普通、出火原因となった場所というのは、ほかのどこよりも焼失の度合いが大きいものです。それが、原因と目をつけた場所が、まったくその逆で無傷なのですから、驚くのも無理はありません。私の店舗の疑いは晴れ、おとがめなしでした。

私は驚きましたが、自分で納得の度合いを深めたのもまた事実でした。

自分のマインドを反映することによって、たとえ最悪の状態にあっても、そこから状況は逆転できることが分かったのです。まさに、運命は逆転することができる。そのことを、強く感じさせられた出来事でした。

誰しもどんなマイナスの状況にあったとしても、あきらめずにマインドブレイクに向かって全力を注いでいくことで、運命は必ず逆転できることを知ってほしいのです。

この本を読んでくださっている全ての人が、その力を持っておられると私は確信しています。

賢人の言葉

失敗して、泥の中に転んだって、
起き上がればいいだけである。
恐れる必要など、どこにもない。
（ラルフ・ウォルドー・エマーソン／アメリカの思想家、作家、詩人）

出典：『人生を動かす賢者の名言』２０１８、池田書店

50 「コーチングセラピー」はパワーを引き出す自己実現のためのスキル

運命を好転させ、望む未来を手に入れてほしい

この本でずっと触れてきた私の独自メソッド「コーチングセラピー」は、心理メソッド、コーチング、カウンセリング、セラピーといったさまざまなスキルの素晴らしさを融合させた技法で、人生の課題を根本から改善させることができるノウハウです。

これまでの日本のカウンセリングの主流は「傾聴型」であり、解決を促すような提言などはせず、クライアント自身に気付いてもらうことで解決していくものでした。

ただ、傾聴型のカウンセリングでは、どうしても時間がかかる傾向があることから、私は「課題解決型」のメソッドとして改善を重ねました。

これは、単に傾聴するだけでなく、解決を促すために心理学的見地に基づいた提案を行うもの。それによって、スピーディーな問題解決を実現していく技法です。加えて、目標設定やビジョン達成を強化するためにコーチングも学び、これを融合させました。

そうした実践によって、コーチングによって引き出された「心の壁」が盲点になっていることが分かり、その盲点を改善するための心理セラピーとも組み合わせました。

その結果、目標設定やビジョン達成のために、健全かつ効果があるスキルを開発するに至りました。それを「コーチングセラピー」と名付け、現在そのスキルを全国の方々にご提供しています。


カウンセリングや心理療法は、心の病を持つ方が受けられるイメージが強いかもしれませんが、**「コーチングセラピー」はご自身のパワーをさらに引き出し、自己実現を図るための強運を創るスキルです。**

私が「コーチングセラピー」でこれまでやり続けてきたことは、一人でも多くの方の人生を好転させていくためのノウハウの提供です。

自分を「運がいい人」だと決めることができるときは、気楽に捉えられているときです。でも切実に、運の悪さを感じている場合には、「自分はどうしてこうなるのか」と真剣に自分に向き合ってみることが必要です。

そして、認識のゆがみや、誤解が伴っているときには、ヒーリングによって変化させることができるのです。ネガティブな気持ちや状況は、突き詰めていくと必ずなんらかの原因があります。そして、それはほとんどの場合で改善できます。

私たちは、心のほとんどを過去に縛られた状態で生きています。普段はそのことに気付けず、なぜ成功できないのかが分かりません。

望みをかなえようとしても、なかなかうまくいかないときは、心の深いところで負のエネルギーに縛られているのです。

また時には、先祖や家系から続いているトラウマが原因かもしれません。そうした心の壁を崩すマインドブレイクによって、あなたの運命は劇的に変わります。

コーチングセラピーを受けたクライアントの方からは、今もたくさんのお礼状が届いています。多くの人々が、「運命が変わった」「人生が変わった」「自己実現を図ることができた」と喜んでくださいます。

私のセッションを受けてくださった多くの方が運命を好転させ、望む未来を手に入れています。

そして今、40代でベネフィットマインド株式会社を起業して以来、行ってきたコーチングセラピーの相談件数も、延べ7万件を突破しました。

これまでの人生で数多く助けられてきたこの手法をさらに活用し、あなたの人生に取り入れて、願望成就のマインドブレイクを実践し続けていくためのお手伝いをさせていただけましたら幸いです。

《ミッションステートメント》

ベネフィットマインド株式会社 パーパスアイ個人様部門は、人や会社の運を輝かせることを目的として、マインドサポートを通して、愛ある豊かな世界を共に創ります。

賢人の言葉

夢を求め続ける勇気さえあれば、
すべての夢は必ず実現できる。
（ウォルト・ディズニー／アメリカのアニメーター、映画監督）

出典：『人生を動かす賢者の名言』2018、池田書店

あとがき

本書『人生が好転するマインドブレイク』を最後までお読みいただき、どうもありがとうございました。

「マインドブレイク」とは、「運がよくなる法則」。このことを少しでも多くの人に伝えたいと考え、今回初めてペンを執った次第です。

本書の中でも数多く触れていますが、私の「マインドブレイク」のアプローチは、自らの潜在意識、無意識までを変えることで、心の壁を壊す心理メソッドです。

私たちの心は顕在意識・潜在意識・無意識と大きく三つに分かれていて、顕在意識とは通常の生活のなかでいつも認識できる意識のことを指します。一般的には「思考」と呼ばれる部分であり、それは意識全体のたった4％と言われています。

一方、潜在意識・無意識は96％を占めているのですが、これらの意識が私たちの現状に大きな影響を与えているわけです。

これらの意識を改善していくことによって、人生における成功や願望成就が可能になり、現状は劇的に変化していきます。その意識の改善に関する心理メソッドのことを「マインドブレイク」と表現しているのです。

弊社は設立当初、心理カウンセリングおよび心理療法を提供していました。心理療法を強化するために、最新の催眠療法でもあるヒプノセラピーを本場米国から学び、さらにアメリカの心理学の博士が開発された療法も取り入れ、結合させています。

カウンセリングや心理療法は、心の病を持つ方やメンタルに問題を抱える方が受けるイメージが強いかもしれませんが、私の開発した「コーチングセラピー」は、「マインドブレイク」を通じてご自身のパワーをさらに引き出す究極のスキルです。

これまで相談実績はすでに7万件を超え、20年以上の経験を有しています。クライアントの方の職業や地位、立場は幅広く、会社員、経営者、医師や看護師などの医療従事者から文化人、主婦の方に至るまで、あらゆるお悩みを解決してきました。

今、時代が大きく変わりつつあるなかで、迫る大波に流されることなく自己実現を図るには、自らの心の内に確固たる成功メソッドを確立することが非常に大切です。

そうすることで、現れる結果に必ず変化が生まれていきます。

人・会社の運を上昇させ、望む人生を送りたい方は、ぜひ本書で紹介した「マインドブレイク」の法則をまず実践してみてほしいのです。

先の見えない激動の時代と言われる今だからこそ、このメソッドを効果的に活用し、運がいい変化を、たくさん経験していただきたく願っております。

最後に、この本の制作にあたり、熱い想いで支えてくださった中山真子さん、塚原仁人さん、愛川直さん、大石理江さん、坂広美さん、浅見寛子さん、新村早織さん、山内由美さん、和之晃子さんに心からの感謝を伝えたいと思います。どうもありがとうございました。

『人生が好転するマインドブレイク』。ぜひ、あなたの人生に取り入れ、成功・幸せへ向けての圧倒的なブレイクスルーを体感してみてください。

Benefit Minds 株式会社　代表取締役
ＩＣＡ国際コーチング・セラピスト協会　理事
パーパスアイ個人様部門　代表
恩多限　陽

Profile

恩多限　陽（おだぎり よう）
Benefit Minds 株式会社 代表取締役
ICA 国際コーチング・セラピスト協会 理事
パーパスアイ個人様部門 代表

長崎県長崎市生まれ。

飲食店経営などを経て、「成功と心理学」「運と心理学」の研究を開始。現在のマインドブレイクの原型となる個人セッションを受けたことを契機に、自身のブレイクスルーを経験し、コンテスト優勝や市長賞受賞を果たす。これをきっかけに本格的に心理学を学び、「人、会社の運をショーアップ（際立たせる）」をミッションにコーチングに心理メソッドのセラピーを加え、「コーチングセラピー」をつくり上げる。

その後、ICA国際コーチング・セラピスト協会を設立。現在の「マインドブレイク」のメソッドの基礎となる。

長崎を拠点に、Benefit Minds 株式会社に法人化し、マインドブレイクメソッドを活用した個人セッション「好転セッション」をスタート。同時に「ヒーリングセミナー」や「ビジョンセミナー」などを開催。人気のセミナーは終了後３日で来年の席が満席になる盛況ぶりである。

長崎という地にありながら、全国から数多くの人たちが来訪し、これまで20年で約７万件の相談実績を誇る。

企画協力　株式会社天才工場　吉田 浩
編集協力　栗栖 直樹、田島 薫
組　　版　吉良 久美
装　　幀　吉良 久美

人生が好転するマインドブレイク
――コーチングセラピーであなたもきっと幸せになれる

2019年7月20日　第1刷発行

著　者　恩多限 陽
発行者　山中 洋二
発　行　合同フォレスト株式会社
郵便番号 101-0051
東京都千代田区神田神保町 1-44
電話 03（3291）5200　FAX 03（3294）3509
振替 00170-4-324578
ホームページ http://www.godo-shuppan.co.jp/forest
発　売　合同出版株式会社
郵便番号 101-0051
東京都千代田区神田神保町 1-44
電話 03（3294）3506　FAX 03（3294）3509

印刷・製本　株式会社 シナノ

■落丁・乱丁の際はお取り換えいたします。

ISBN 978-4-7726-6138-6　NDC159　188 × 130